《幼儿园户外游戏场地玩教具配备规范》解读及实例分析

刘 焱 苏 婧 / 主编

中国轻工业出版社

图书在版编目（CIP）数据

《幼儿园户外游戏场地玩教具配备规范》解读及实例分析/刘焱，苏婧主编．—北京：中国轻工业出版社，2024.8

ISBN 978-7-5184-4963-7

Ⅰ．①幼⋯　Ⅱ．①刘⋯　②苏⋯　Ⅲ．①幼儿园－游戏课－教学设备－规范－中国　Ⅳ．①G613.7

中国国家版本馆CIP数据核字（2024）第094101号

保留所有权利。非经中国轻工业出版社"万千教育"书面授权，任何人不得以任何方式（包括但不限于电子、机械、手工或其他尚未被发明或应用的技术手段）复印、拍照、扫描、录音、朗读、存储、发表本书中任何部分或本书全部内容（包括但不限于光盘、音频、视频等）。中国轻工业出版社"万千教育"未授权任何机构提供源自本书内容的电子文件阅览、收听或下载服务。如有此类非法行为，查实必究。

责任编辑：牟　聪　　　责任终审：张乃柬
策划编辑：吴　红　　　责任校对：刘志颖　　　责任监印：吴维斌

出版发行：中国轻工业出版社（北京鲁谷东街5号，邮编：100040）
印　　刷：中国电影出版社印刷厂
经　　销：各地新华书店
版　　次：2024年8月第1版第1次印刷
开　　本：787×1092　1/16　印张：15.75
字　　数：240千字
印　　数：1—5000
书　　号：ISBN 978-7-5184-4963-7　定价：82.00元
读者热线：010-65181109
发行电话：010-85119832　　010-85119912
网　　址：http://www.chlip.com.cn　　http://www.wqedu.com
电子信箱：1012305542@qq.com
版权所有　侵权必究
如发现图书残缺请拨打读者热线联系调换
232359Y1X101ZBW

编者名单

主　编：刘　焱　苏　婧
副主编：孙　璐　李晓静　彭迎春　朱继文
编　委：刘亚明　薛盈盈　李　金　马　歌
　　　　王文敬　张程程　黄　培　丁　琪

前　言

2023年5月，习近平总书记在中共中央政治局第五次集体学习时指出："要推进学前教育普及普惠安全优质发展""要坚持把高质量发展作为各级各类教育的生命线，加快建设高质量教育体系"。提升质量、促内涵发展是新时代学前教育发展赋予学前人的重要职责和任务，也是世界范围内学前教育共同关注的话题。党的十九大报告提出"建设教育强国是中华民族伟大复兴的基础工程，必须把教育事业放在优先位置，加快教育现代化，办好人民满意的教育"，要"努力让每个孩子都能享有公平而有质量的教育"。党的二十大报告首次从"实施科教兴国战略，强化现代化建设人才支撑"的高度对教育事业进行定位，突出了教育、科技、人才在建设社会主义现代化国家中的基础性、战略性支撑作用。

2023年7月，教育部、国家发展和改革委员会、财政部三部门联合发布《关于实施新时代基础教育扩优提质行动计划的意见》，明确将实施学前教育普惠优质等八大行动、二十五条内容，加快构建幼有优育、学有优教的高质量基础教育体系。

教育装备是教育现代化的重要标志，是党的教育方针、现代教育理念的重要载体，对教育现代化具有基础性、支撑性作用。加强和健全教育装备工作政策指导、产业引导和质量监管以及标准体系的研究，更好地发挥教育装备的独特功能和育人价值，对于加快推进教育现代化，建设教育强国，办好人民满意的教育，具有重要的意义和价值。

户外游戏场地是幼儿园重要的教育资源，是幼儿接触自然、享受阳光和新鲜空气、锻炼身体、参与户外游戏及其他活动的重要场所。户外玩教具的配备直接影响到幼儿园户外游戏的开展，因此户外玩教具是幼儿开展户外游戏的物质基础，是支持幼儿开展游戏和其他活动的必要条件。幼儿园需要配备丰富适宜的户外游戏场地玩教具。

原全国政协委员、北京师范大学刘焱教授在幼儿园户外游戏场地调研中，发现大部分幼儿园户外的场地规划和玩教具设施都存在安全隐患，并多次表明提高幼儿园办学质量的首要前提是保障幼儿的生命安全。幼儿园玩教具配备应该有行业标准和规范，引导企业、幼儿园重视玩教具配备，切实保障办园质量的提高。据此，由中国教育装备行业协会幼儿教育装备分会提出并牵头，对幼儿园户外游戏场地玩教具配备规范开展合作研究，于2020年5月立项（项目编号：JYBZ2020002），汇集各方专业力量，历时两年多的研制，形成专业共识。经过研制工作筹备阶段、实地考察调研阶段、标准起草阶段、征询意见阶段、编制工作会补充完善阶段、送审阶段等，《幼儿园户外游戏场地玩教具配备规范》（T/JYBZ 024—2022，以下简称《配备规范》）于2022年8月18日发布，并于2022年10月1日实施。

在《配备规范》的基础上，结合落实教育部《幼儿园教育指导纲要（试行）》《3—6岁儿童学习与发展指南》《幼儿园保育教育质量评估指南》等文件的相关要求，形成《配备规范》解读稿。《幼儿园保育教育质量评估指南》特别指出，要遵循幼儿身心发展规律和学前教育规律，坚持以游戏为基本活动，珍视游戏的独特价值。另外，在重点内容——A4环境创设的关键指标—B10空间设施中特别强调，各类设施设备安全、环保，符合幼儿的年龄特点，方便幼儿使用和取放。在重点内容——A4环境创设的关键指标—B11玩具材料中强调，玩具材料种类丰富，数量充足，以低结构材料为主，能够保证多名幼儿同时游戏的需要等。

《配备规范》解读稿延续了《配备规范》中所倡导的"保基本，促发展；尊重规律，引领实践；科学前瞻，面向未来"的指导思想，逐条解读了《配备规范》中的各项要求，凸显以幼儿为本、安全性、多样性、因地制宜、趣味性等基本原则，对每类户外玩教具设施及材料的安全性、游戏性和使用安全都做出了详细的说明，力求图文并茂，给一线幼儿园园长及教师提供具有实操性的教育建议和案例，以增强针对性和实效性。

在此感谢参与调研和编写的幼儿园：北京市大兴区庞各庄第二幼儿园、北京市西城区三教寺幼儿园、北京市昌平区机关幼儿园、北京市西城区教育研修学院附属幼儿园、北京市怀柔区第二幼儿园、北京市大兴区十一建华实验幼儿园、北京市海淀区科学城北区童心家园幼儿园、北京市西城区西四北幼儿园、北京市第五幼儿园、成都市第十一幼儿园、北京市丰台区宛平幼儿园、北京市宣武回民幼儿园、北京市大兴区第七幼儿园、北京市海淀区富力桃园幼儿园、北京市清华附小成志幼儿园、北京市昌平区工业幼儿园、北京市朝阳区群星幼儿园、北京市朝阳区松榆里幼儿园等。

当然，需要说明的是，尽管参与编写《配备规范》解读稿的所有人员用心选取典型案例，但书中的案例对于一线教师们的聪明才智和丰富的实践来说不过是冰山一角，期待大家呈现更丰富、多样、鲜活的实践做法，因为我们坚信真正的答案永远在现场。希望本《配备规范》解读稿姑且抛个砖，以引出更多的玉来。

总之，希望通过《配备规范》的研制，以及《配备规范》解读稿的撰写，真正搭建起围绕儿童发展的相关方面人员相互了解、沟通的桥梁，为高质量学前教育保驾护航。希望社会各界为儿童服务的人士携手为儿童打造更好的教育生态，提供高质量的教育，共同助力儿童的发展，以儿童的发展为圆心画出最大的同心圆。

编者

2024 年 4 月

目 录

一、《配备规范》研制的缘起与内容构成 // 001
  （一）背景与意义 // 001
  （二）《配备规范》的研制过程 // 004
  （三）《配备规范》的编制依据 // 005
  （四）《配备规范》的内容构成 // 008

二、幼儿园户外游戏场地玩教具配备的基本原则 // 011
  （一）以幼儿为本的原则 // 011
  （二）安全性原则 // 014
  （三）多样性原则 // 017
  （四）因地制宜原则 // 020
  （五）趣味性原则 // 024

三、关于幼儿园户外游戏场地的一般规定 // 027
  （一）户外游戏场地要求 // 027
  （二）户外游戏场地功能区 // 033

四、玩教具配备要求 // 057
  （一）总体要求 // 057
  （二）配置要求 // 066

五、大型器械游戏区场地玩教具配备要求 // 069
  （一）滑行类 // 069
  （二）摆动类 // 075
  （三）颠簸摇动类 // 077
  （四）旋转类 // 080
  （五）攀登类 // 082

（六）平衡类 // 088
　　（七）钻爬类 // 093
　　（八）悬垂类 // 095
　　（九）感官类 // 099
　　（十）大型器械安装 // 100

六、综合活动区场地玩教具配备要求 // 103
　　（一）户外建构类 // 103
　　（二）健身训练类 // 109
　　（三）田径类 // 116
　　（四）球类 // 120
　　（五）体操器械类 // 126
　　（六）民族民间传统体育活动类 // 130

七、户外骑行区场地玩教具配备要求 // 153
　　（一）推拉车类 // 153
　　（二）脚踏车类 // 155

八、户外沙水区场地玩教具配备要求 // 161
　　（一）玩沙类 // 161
　　（二）玩水类 // 164

九、户外种植养殖区场地玩教具配备要求 // 169

十、户外涂鸦区场地玩教具配备要求 // 173

十一、自制户外玩教具 // 177

十二、管理 // 187

附录　幼儿园户外游戏场地玩教具配备规范 // 191

一、《配备规范》研制的缘起与内容构成

本《配备规范》是由中国教育装备行业协会幼儿教育装备分会提出并研制,由中国教育装备行业协会归口发布的关于幼儿园户外游戏场地玩教具配备的团体标准。

本节将深入探讨并逐一解答以下问题:为什么要研制《配备规范》?研制《配备规范》有何意义?怎样研制《配备规范》?《配备规范》的法律法规与政策依据是什么?《配备规范》包括什么内容?

(一)背景与意义

中国教育装备行业协会(China Educational Equipment Industry Association,缩写为CEEIA)是由原国家教育委员会(现为中华人民共和国教育部,简称教育部)于1986年8月批准成立并在民政部注册登记的全国性的非营利性社会组织,是民政部评估的5A级全国性社会组织。自成立以来,协会坚持规范办会,结合自身专长,为教育、政府和社会提供专业化、差异化、个性化特色服务,为贯彻党的教育方针,落实立德树人根本任务,构建德智体美劳全面培养的教育体系,形成更高水平的人才培养体系,促进我国教育现代化发展做出了积极的贡献。

教育装备是教育现代化的重要标志,是党的教育方针、现代教育理念的重要载体,对教育现代化具有基础性、支撑性作用。加强和健全教育装备工作政策指导、产业引导和质量监管以及标准体系的研究,更好地发挥教育装备的独特功能和育人价值,对于加快推进教育现代化,建设教育强国,办好人民满意的教育,具有重要的意义和价值。

当前，我国学前教育进入了普及普惠发展的快车道。2023年，全国共有幼儿园27.44万所。其中，普惠性幼儿园23.64万所，占全国幼儿园的比例为86.16%，比上年增长1.2%。幼儿园数量的持续增长使得对幼儿园教育装备建设和配备的标准化、专业化需求激增。

户外游戏场地是幼儿园重要的教育资源，是幼儿接触自然、享受阳光和新鲜空气、锻炼身体、参与户外游戏及其他活动的重要场所。户外玩教具是幼儿开展户外游戏的物质基础，是支持幼儿开展游戏和其他活动的必要条件。户外玩教具配备的安全性、充足性和适宜性，直接影响到幼儿户外游戏活动的开展与质量。配备安全适宜的户外游戏场地玩教具，是幼儿园开展丰富多样的户外游戏活动不可或缺的重要条件。

在我国，每年有70000名儿童死于因游戏设备设计缺陷导致的安全事故，数十万儿童因意外伤害导致终身残疾。保障幼儿的生命安全，是办人民满意的学前教育的基本前提。规范幼儿园玩教具配备，是促进学前教育普及普惠、安全有质量发展的重要条件。幼儿园玩教具配备应该有行业标准和规范，企业、幼儿园应重视玩教具配备，切实保障办园质量的提高。

为贯彻《中共中央 国务院关于学前教育深化改革规范发展的若干意见》《"十四五"学前教育发展提升行动计划》，推动幼儿园深入落实《幼儿园工作规程》《幼儿园教育指导纲要（试行）》及《3—6岁儿童学习与发展指南》，切实办好新时代学前教育，提高保育教育质量，促进和丰富幼儿的学习与发展，进一步规范幼儿园户外游戏玩教具的配备，推进幼儿园建设的标准化，特制定本《配备规范》（团体标准）。

团体标准是依法成立的社会团体为满足市场和创新需要，协调相关市场主体共同制定、由社会自愿采用的标准（参见表1.1）。2022年2月23日，国家标准化管理委员会等十七部门联合印发《关于促进团体标准规范优质发展的意见》，明确了国家对团体标准的大力支持与引导，并对行业企业参与团体标准工作给予了更多的政策支持。

一、《配备规范》研制的缘起与内容构成　　003

表 1.1　不同标准的特点

标准类别	作用	制定主体	特点
强制性国家标准	为保障人身健康和生命财产安全、国家安全、生态环境安全以及满足经济社会管理基本需要制定的技术要求	国务院标准化行政主管部门认为需要立项的，会同国务院有关行政主管部门决定	国务院批准发布、全国范围内适用，其他各级标准不得低于其要求
推荐性国家标准	对满足基础通用、与强制性国家标准配套、对各有关行业起引领作用等需要的技术要求	国务院标准化行政主管部门制定	国务院标准化行政主管部门发布、全国范围内适用
行业标准	没有推荐性国家标准、需要在全国某个行业范围内统一的技术要求	国务院有关行政主管部门制定	国务院标准化行政主管部门备案、国家标准的补充，专业性、技术性强，具有行业属性
地方标准	满足地方自然条件、风俗习惯等特殊要求，可以制定地方标准	地方标准由省、自治区、直辖市人民政府标准化行政主管部门制定	地方标准化行政主管部门报国务院标准化行政主管部门备案，本行政区域内适用
团体标准	社会团体协调相关市场主体共同制定，满足市场和创新需要的团体标准	具有法人资格和相应专业能力的学会、协会、商会、联合会以及产业技术联盟等社会团体	自我声明和监督制度，团体成员约定采用或者按照本团体的规定供社会自愿采用
企业标准	企业所制定的产品标准，在企业内需要协调、统一的技术要求和管理、工作要求所制定的标准	企业可以根据需要自行制定企业标准，或者与其他企业联合制定企业标准	自我声明公开和监督制度，企业执行自行制定的企业标准的，还应当公开产品、服务的功能所应达到的各类技术指标和要求

(二)《配备规范》的研制过程

中国教育装备行业协会幼儿教育装备分会,汇集各方专业力量,对幼儿园户外游戏场地玩教具配备规范开展了广泛的合作研究。研制过程分为六个阶段(参见图1.1)。

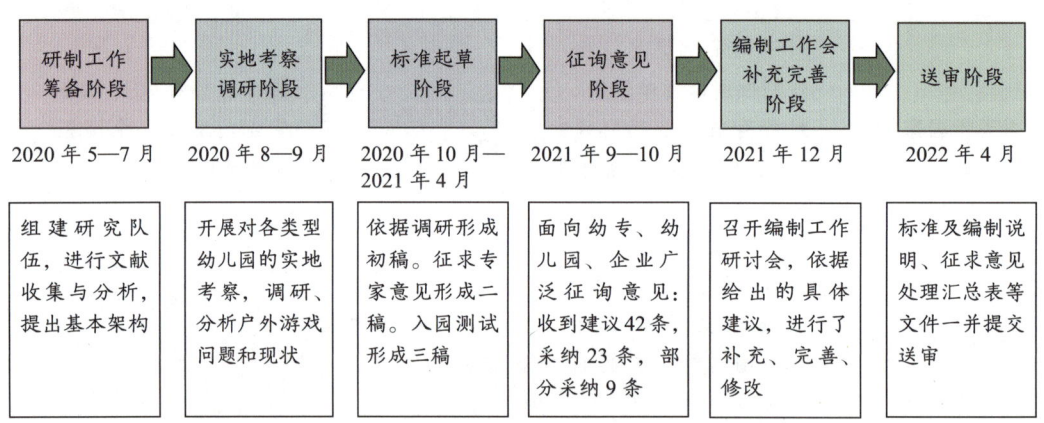

图1.1 《配备规范》研制过程

①研制工作筹备阶段:组建研究队伍,就研制《配备规范》的指导思想达成共识——保基本,促发展;尊重规律,引领实践;科学前瞻,面向未来。收集与分析相关文献,形成《配备规范》的基本架构。

②实地考察调研阶段:开展对不同类型幼儿园的实地考察与调研,了解和掌握当前幼儿园户外游戏场地玩教具配备的现状和需求。

③标准起草阶段:根据调研结果,形成《配备规范》初稿;在广泛征求专家意见的基础上形成二稿;最后,通过入园实地对标观察测试,形成三稿。

④征询意见阶段:面向幼儿师范高等专科学校、幼儿园、企业等相关单位广泛征询意见,收到建议42条,采纳23条,部分采纳9条。

⑤编制工作会补充完善阶段:根据收到的意见和建议对《配备规范》进行补充、完善与修改。

⑥送审阶段:将研制完成的《配备规范》及编制说明、征求意见处理汇总表等文件提交中国教育装备行业协会相关部门审批通过。

参与《配备规范》研究和起草的单位：中国教育装备行业协会幼儿教育装备分会、北京教育科学研究院早期教育研究所、河北省教育装备行业协会、四川省学校国有资产与教育装备中心、陕西省教育厅教育技术装备管理中心、南京万德体育产业集团有限公司、武汉亿童文教股份有限公司、合肥幼儿师范高等专科学校、贵阳幼儿师范高等专科学校、宁波幼儿师范高等专科学校、徐州幼儿师范高等专科学校、北京市东城区东华门幼儿园、北京市第一幼儿园、北京市丰台区丰台第一幼儿园、北京市大兴区十一建华实验幼儿园、武汉爱立方儿童教育传媒股份有限公司、南京康轩文教图书有限公司、北京东方之星科技股份有限公司、北京红黄蓝儿童教育科技发展有限公司、宁波华荣文教用品有限公司、浙江波菲教育玩具有限公司、宁波优优象教育科技有限公司、杭州哈灵教育科技有限公司、北京金恩润泽科技发展有限公司。

《配备规范》的主要起草人：刘焱、苏婧、张士峰、李晓静、彭迎春、孙璐、朱继文、吴万鹏。

（三）《配备规范》的编制依据

《配备规范》以幼儿园户外游戏活动开展的需要为实践依据，以政策性文件、强制性国家标准以及推荐性行业标准为政策依据（参见图1.2）。

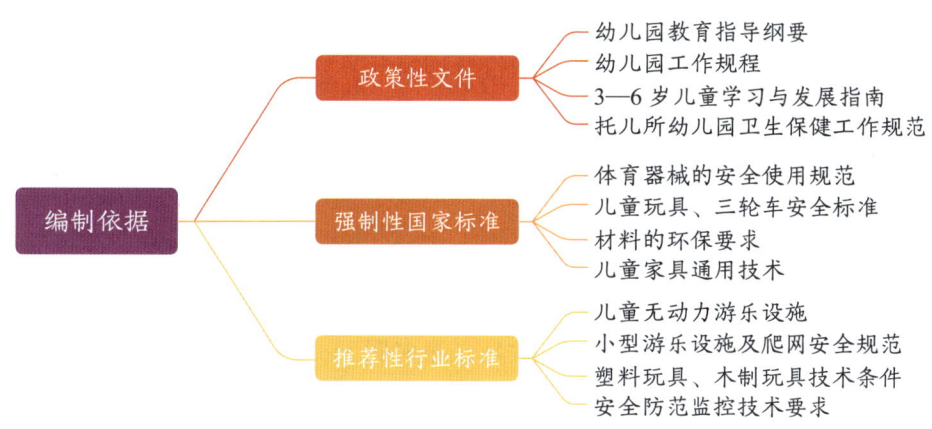

图1.2 《配备规范》的编制依据

这些文件可以按其内容分为以下六大类。《配备规范》中关于户外游戏场地玩教具配备的安全标准，来自对这些文件内容的规范性引用，构成了《配备规范》中必不可少的条款。

1. 国家玩具安全标准（GB 6675 玩具安全）

GB 6675 是国家玩具安全技术规范，是国家关于玩具安全的强制性标准，规定了玩具的机械和物理性能、易燃性能、化学性能、电气性能、卫生要求、辐射性能和标识要求等基本安全要求。

> GB 6675　玩具安全标准主要包括以下部分：
> GB 6675.1—2014　玩具安全　第 1 部分：基本规范
> GB 6675.2—2014　玩具安全　第 2 部分：机械与物理性能
> GB 6675.3—2014　玩具安全　第 3 部分：易燃性能
> GB 6675.4—2014　玩具安全　第 4 部分：特定元素的迁移
> GB 6675.13　玩具安全　第 13 部分：除实验玩具外的化学套装玩具
> GB 6675.14　玩具安全　第 14 部分：指画颜料技术要求及测试方法

GB 6675 标准适用于所有玩具，"即设计用于或预定用于 14 岁以下儿童玩耍的所有产品或材料"。换言之，该标准不仅适用于专门为 14 岁以下儿童设计生产的玩具，也适用于虽然不是专门设计生产的但准备提供给 14 岁以下儿童玩耍的所有游戏材料。例如，一支笔上附加了一个可供玩耍的鸭子，则这支笔就属于国家玩具安全标准适用的范围。同样，在幼儿园，作为游戏材料提供给幼儿玩耍的废旧物品、日常生活物品等，也必须符合国家玩具安全标准对玩具的基本要求。例如，要把废旧物品作为游戏材料提供给幼儿游戏之前，必须考虑是否存在有害的重金属接触（即"特定元素的迁移"）问题。

2. 无动力游乐设施安全标准

幼儿园户外游戏场地配备的玩教具，很多属于"无动力游乐设施"，如平衡木、滑梯、秋千等。"无动力游乐设施安全标准"往往是指向于某项器械的专门标准。

> GB/T 8397—2007　平衡木
> GB/T 27689　无动力类游乐设施　儿童滑梯
> GB/T 28711—2012　无动力类游乐设施　秋千
> GB/T 34021　小型游乐设施　摇马和跷跷板
> GB/T 34022　小型游乐设施　立体攀网
> GB/T 32611　体操蹦床　功能和安全要求及试验方法
> GB/T 34272—2017　小型游乐设施安全规范

3. 骑行类玩具安全标准

骑行类玩具，如儿童三轮车、玩具滑板车等，是幼儿园户外游戏场地常见的玩教具。关于骑行类玩具，国家也有相关的安全标准。

> GB 14747　儿童三轮车安全要求
> GB 6675.12　玩具安全　第12部分：玩具滑板车

4. 户外通用器材安全标准

《配备规范》也以以下户外通用器材安全标准为依据。

> JY/T 0001　教学仪器设备产品一般质量要求
> GB 19272　室外健身器材的安全　通用要求
> GB/T 19851.2　中小学体育器材和场地　第2部分：体操器材
> GB/T 19851.20　中小学体育器材和场地　第20部分：跳绳
> QB/T 1095　玩具塑料件通用技术条件
> GB 36246　中小学合成材料面层运动场地
> JY/T 0627　小篮球场地建设与器材配备规范
> JY/T 0629　小足球场地建设与器材配备规范
> GB/T 22778　液晶数字式石英秒表
> GB 28007　儿童家具通用技术条件
> GA/T 1127　安全防范视频监控摄像机通用技术要求
> QB/T 1519　纤维卷尺
> QB/T 2182　自行车　打气筒
> HG/T 2020　彩色雨靴（鞋）

5. 对于玩教具材料的安全标准与要求

《配备规范》也以国家关于玩教具的制作材料和生产的相关标准为依据。

> GB/T 8948—2008　聚氯乙烯人造革
> GB/T 8949—2008　聚氨酯干法人造革

6. 行业相关政策性规范要求

由国务院有关行政主管部门制定的关于幼儿园园舍建设、保育和教育等规范性文件，也是《配备规范》的研制依据。

> JGJ 39　托儿所幼儿园建筑设计规范
> 《托儿所幼儿园卫生保健工作规范》（卫妇社发〔2012〕35号）
> 《幼儿园教育指导纲要（试行）》（教基〔2001〕20号）
> 《3—6岁儿童学习与发展指南》（教基二〔2012〕4号）

（四）《配备规范》的内容构成

《配备规范》由范围、规范性引用文件、术语和定义、配备原则、一般规定、玩教具配备要求、大型器械安装、自制户外玩教具和管理九个部分组成（参见图1.3）。

"范围"说明了《配备规范》的适用对象，即适用于招收3—6岁幼儿的各类幼儿园户外游戏场地玩教具配备，其他学前教育机构可以参考使用。

"规范性引用文件"列出了作为《配备规范》编制依据的国家标准和文件。

"术语和定义"对《配备规范》中的关键专业概念（如幼儿园、活动区域、跌落高度、危险突出物、危险锐利边缘、危险锐利尖端等）进行了界定。

一、《配备规范》研制的缘起与内容构成 009

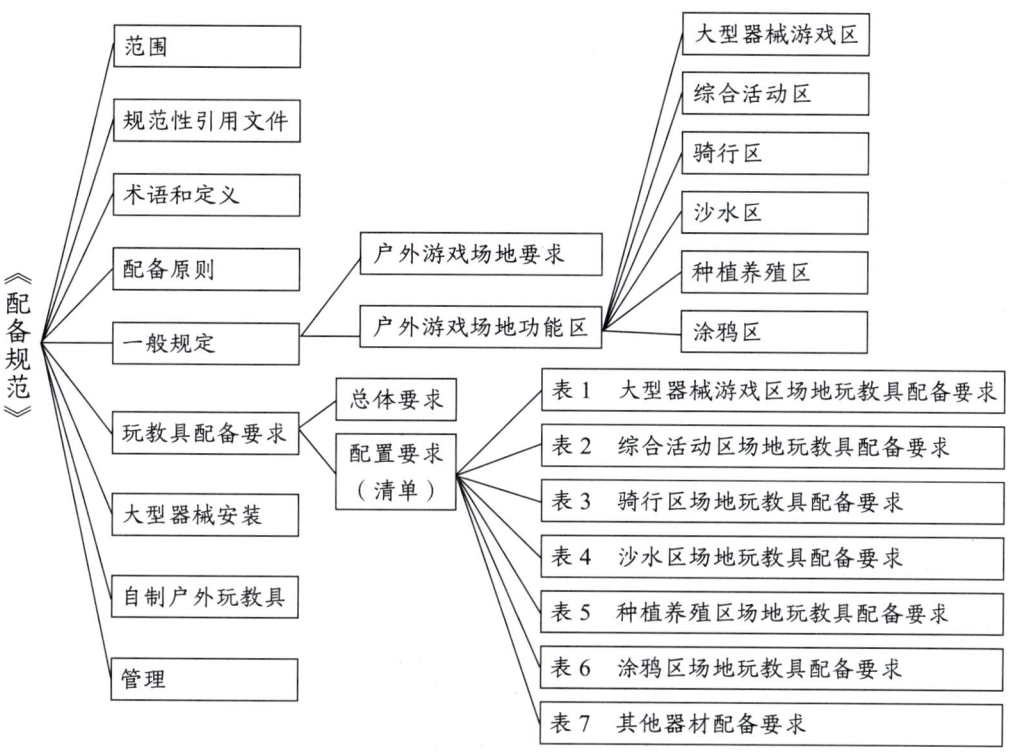

图1.3 《配备规范》的内容构成

二、幼儿园户外游戏场地玩教具配备的基本原则

以幼儿为本、安全性、多样性、因地制宜、趣味性等，是幼儿园户外游戏场地玩教具配备应遵循的基本原则。

（一）以幼儿为本的原则

> **4.1 以幼儿为本的原则**
>
> 幼儿园户外游戏场地配备的玩教具应有利于幼儿"健康生活"素养的培育，有利于幼儿在健康、语言、社会、科学、艺术五个领域的学习与发展。应能满足《幼儿园教育指导纲要（试行）》《3—6岁儿童学习与发展指南》规定的幼儿开展游戏活动的相关要求。

户外游戏场地是幼儿在园生活、游戏和学习的重要环境。户外游戏场地玩教具的配备，应当"以幼儿为本"，适合幼儿身心发展水平和年龄特点，满足幼儿户外游戏活动的需要，为幼儿提供丰富的游戏和学习机会，增进幼儿身心健康和健康生活素养的培育，促进幼儿全面发展。

健康生活是指能够满足个体生命与生活的合理需要，有利于个体身心健康的生活方式与状态。健康生活素养是指关于健康生活的理念、态度、生活方式和习惯，是人的核心素养的重要组成部分。学前期是健康生活方式和习惯养成的奠基

阶段。其中，运动的兴趣和习惯，是学前期应当重视培养的健康生活素养的重要内容。幼儿身体的正常生长发育和心理健康，不仅需要营养，也需要游戏和运动。游戏和运动是保障幼儿身体健康发展的重要因素。幼儿园户外游戏场地玩教具配备，应能激发幼儿游戏和运动的兴趣，促进幼儿身体动作和运动能力的发展，培育爱运动、会运动、健康、自信和活泼的幼儿。

幼儿园户外游戏场地，不仅是幼儿游戏和运动的场地，也应当是幼儿开展丰富多样的学习活动的环境。户外游戏场地玩教具的配备，应当以《3—6岁儿童学习与发展指南》和《幼儿园教育指导纲要（试行）》为依据，为幼儿创设内容丰富的游戏和学习环境，为幼儿提供多样化的学习机会。

蕴含着多样化游戏和学习可能性的户外游戏场地

户外游戏场地规划案例——"三自"游戏场

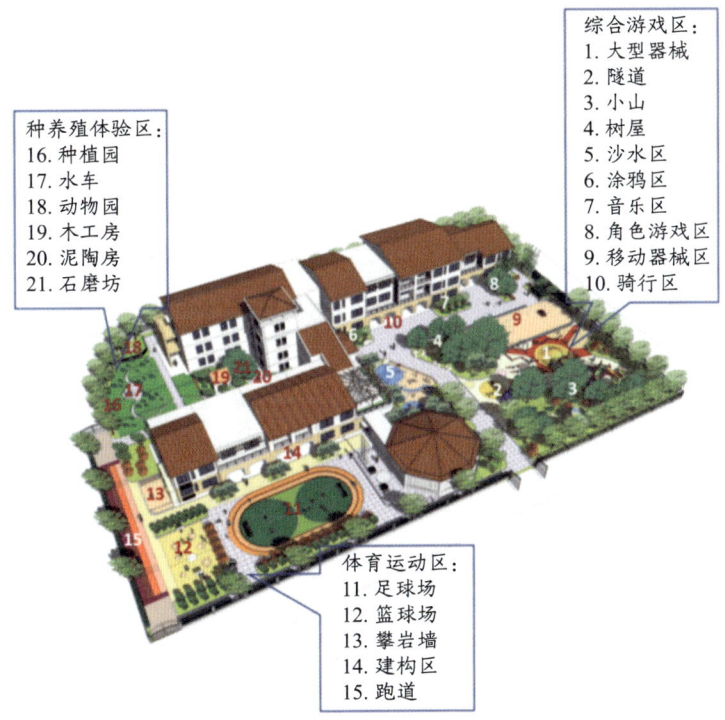

设计思考

基于充分满足幼儿自主、自由、自在地游戏和运动的发展需求,幼儿园将户外场地规划为综合游戏区、体育运动区、种养殖体验区,将游戏、运动、社会交往及在大自然中的非正式学习在户外环境中进行整合。

(1)综合游戏区:设置供幼儿探索多种游戏的大型器械、沙水区、骑行区、树屋、隧道、涂鸦区、音乐区、角色游戏区,以及种植各种树木的小山,让幼儿在多种游戏体验中感知四季更迭,体会同伴交往,享受探索乐趣。

(2)体育运动区:设置攀岩墙、跑道、足球场、篮球场、建构区,满足幼儿剧烈运动及攀、爬、跑、跳、悬垂等多种体能锻炼的需求。

(3)种养殖体验区:设置种植园、水车、动物园、木工房、泥陶房、石磨坊,满足幼儿多种感官体验,让幼儿在操作体验中、在劳动中、在与自然物的亲密互动中获得全面发展。

教育建议

（1）幼儿的游戏、运动是整体性发展的，因此在开展户外游戏时，要充分考虑各个区域之间的联系，鼓励幼儿参与各种游戏与锻炼，促进幼儿全面、整体性发展。例如，在骑行游戏中，可以设置红绿灯、人行横道等，将社会性发展结合其中。

（2）户外游戏的开展，要充分考虑季节特点，根据当地的气候，有机整合动态游戏与静态游戏。例如，在北方的冬天，幼儿不适合在户外开展绘画、娃娃家等静态游戏。

（3）各个游戏区、设施都可以让幼儿参与命名和设计玩法。例如，幼儿经过讨论觉得小山上有很多果树，通过投票将小山命名为"花果山"。

（本案例由北京市大兴区十一建华实验幼儿园提供）

（二）安全性原则

> **4.2　安全性原则**
>
> 　　幼儿园户外游戏场地玩教具的配备应将确保幼儿的安全放在首位，玩教具应符合国家相关强制性标准和规范的要求。应充分挖掘幼儿园户外设施设备作为安全教育资源，开展安全知识及自我保护方法教育。

安全性原则是指幼儿园户外游戏场地的设计、玩教具配备和使用应将确保幼儿的安全放在首位，符合国家相关强制性标准和规范性要求，使幼儿在活动中尽可能免于受伤。

受身心发展水平的限制，学前儿童身体活动和控制的能力、自我保护和预见危险的意识与能力均较差。幼儿园户外游戏场地的设计与玩教具配备及使用应尽可能消除不安全因素，区分"适宜可控的冒险"和"不适宜不可控的冒险"或"危险"，尽可能避免户外游戏场地及所配备的玩教具对幼儿造成伤害。主要应注意以下几方面。

1. 要确保地面的安全

户外游戏场地的地面应使用安全耐用、无毒、经济、便于保养和维护的材料。平坦的草地、泥地和沙地等是安全、自然、环保、经济的户外游戏场地的地面。户外游戏场地中最常见的意外伤害是幼儿从游戏器械设备上掉落到坚硬的地面。在攀登物下应当铺设有一定厚度的、柔软的或有弹性的材料。

安全的地面

2. 要确保器械设备和材料的安全

户外游戏场地配备的玩教具应符合国家相关设备与玩教具安全标准。例如：严禁使用铸铁等金属材质的运动器械；不宜使用长距离的管道、管筒滑梯；禁止把秋千安装在大型组合运动器械中。大型攀爬器械应当安装牢固、无松动、无破裂，高度适合幼儿的身材和活动能力；高的平台和斜坡应设有栏杆等。

3. 要定期检修维护

户外游戏场地与所配备的玩教具应有专人负责，并定期检修维护。户外游戏场地地面应无玻璃碎片等尖锐物，配备的所有玩教具应结构完好，无缺损、弯曲、松动、折断、破裂、尖锐边缘，防止幼儿身上的衣帽、绳带等与破损的器具发生勾挂、绑缚、缠绕等情况。发现上述问题应立即修缮，并做好检查、维护、修理及伤害事故的记录。

4. 要防范"潜在危险"

要注意在使用玩教具过程中的安全问题，防范可能发生的"潜在危险"。例如，人数过多可能导致拥挤和踩踏。幼儿在户外活动时应有成人在场看护。户外游戏场地的结构与区域布局及所配备的玩教具，应尽可能减少视觉障碍，便于教师看护在场地内活动的幼儿。

户外游戏场地功能区案例——泥巴乐园

设计思考

幼儿对大自然有天然的亲近感。幼儿园可以利用土地地面，依势打造安全、自然、经济的户外游戏区域——泥坑，让孩子们可以尽情地玩泥巴，体会玩泥巴带来的独一无二的自由感和酣畅感。

（1）在泥坑的选址方面，泥坑应尽可能靠近一个平整的墙面，靠墙的位置可以为幼儿提供一定的缓冲空间，万一幼儿在游戏中摔倒，墙面可以起到一定的阻挡作用，减少幼儿的受伤风险。靠墙的位置通常更容易被教师观察到，便于教师更好地观察幼儿的游戏情况，确保游戏安全进行。

（2）在泥坑的设计方面，可以利用墙面拓展玩泥空间，在墙面高度适宜的地方加装安全无毒的白色或透明亚克力板，方便幼儿在墙面画画、泥塑等。要注意墙面和泥坑之间的地面要有一定的坡度，方便水、泥流入坑内。在墙面和地面的交界处应增加保护层和防水层，保证幼儿活动安全，同时兼顾保护建筑物和管线。还应安装幼儿可自由开关的水龙头、自由取放的水管，支持幼儿自主清洁。还应保证部分区域仍为实土，实现游戏用水的自渗和排放，使泥坑更卫生、幼儿玩得更放心。

（3）在材料投放方面，需要为教师和幼儿提供涉水服，便于幼儿最大限度地获得游戏体验，便于教师看护和进行师幼互动。根据季节交替，更换长袖、短袖涉水服。还要建造多功能收纳柜，方便雨鞋、服装、工具的取放和收纳。还需要提供铲子、小桶、耙子、画笔等辅助工具，以及一些开放性材料（如鸡蛋托等），供幼儿自由发挥、创意玩耍。

教育建议

（1）鼓励并支持幼儿自主游戏，比如通过模型、花草、小厨房工具等材料，开展多种角色扮演活动，获得艺术体验。只有准备充分，幼儿才能通过多元的创造、建构和感知，尽情享受游戏带来的快乐。

（2）做好安全督查工作，比如防止泥水溅入幼儿的眼睛，在游戏后帮助和支持幼儿进行自主冲洗、清理。

（本案例由北京市海淀区科学城北区童心家园幼儿园提供）

（三）多样性原则

4.3 多样性原则

幼儿园户外游戏场地配备的玩教具应多样化，能支持幼儿开展丰富多彩的户外游戏活动。

幼儿园户外游戏场地的设计与玩教具的配备，应能支持幼儿开展丰富多样的户外游戏活动（如玩沙、玩水、骑车、滑滑梯、跳绳、荡秋千、拍球和踢球等），满足幼儿开展身体活动和不同类型游戏活动的需要，丰富幼儿的学习经验，支持和鼓励幼儿探索、想象、交往和合作，促进幼儿身心健康和谐发展。

多样性表现为活动的多样性、材料的多样性、地面的多样性等。多样性的设计，既可以为幼儿创设丰富多样的游戏环境，也可以让幼儿感受户外游戏环境的有趣和美感。

1. 活动的多样性

活动的多样性可以激发幼儿的游戏兴趣，丰富幼儿的学习经验，鼓励幼儿探索（包括对周围环境的探索和对自己能力的探索）、想象、交往和合作，促进幼儿全面健康协调发展。我们可以通过创设丰富多样的活动区域来支持幼儿开展多样化的游戏活动。我国幼儿园户外游戏场地一般可划分为大型器械游戏区、综合活动区、骑行区、沙水区、种植养殖区、涂鸦区等。幼儿园可根据户外游戏场地情况和办园条件，增设其他游戏区并配备适宜的玩教具。

2. 材料的多样性

材料的多样性（如软/硬、光滑/粗糙等）可以为幼儿提供丰富多样的感知觉刺激。在游戏活动环境的创设上，应当注意利用多种材料，如绳子、轮胎、木材、竹子、泥和沙等材料。

不同材质铺设的地面

3. 地面的多样性

户外游戏场地的地面应满足幼儿开展多种类型活动的需要，不宜大面积硬化或完全软化。应根据不同活动的需要铺设适宜的地面，包括软性和硬性的地面。例如，供幼儿骑行的车道应硬化，软性地面以渗水性较好的沙土地、草地为宜。

户外冰场游戏案例——欢乐溜冰

设计思考

我园立足地域优势,根据北方冬季的气候特点,为幼儿创设了富有趣味性和挑战性的冰场游戏。同时,教师用沙袋在冰场四周进行了安全维护工作,确保幼儿在冰场上安全运动。在冰上游戏中,幼儿尝试用各种材料制作冰车、打冰陀螺、砌冰山,体验趣味冰球、冰壶对抗赛。这些游戏不仅增强了幼儿的身体灵活性、力量、耐力、平衡性等,还丰富了幼儿的冰上运动经验,提升了幼儿的自我保护意识,培养了他们勇于挑战、善于思考、自信拼搏、坚持不懈的良好品质,提高了他们对冬季环境的适应能力。

教育建议

(1)在进入冰场之前,教师需要提示幼儿穿着适合运动的服装,并做好热身等准备活动。冰场上至少要有1名教师在场,确保幼儿在滑行过程中的安全。

(2)为增加趣味性和情境性,还可以投放大小不同的冰车、冰壶、冰球、球门、陀螺和海豚助滑器等,激发幼儿探索冰上游戏的愿望。

(3)根据幼儿的游戏需求,支持幼儿对"冰"进行持续探究。例如:合作搭建"五彩冰山",观察、比较和测量冰山高度,跟踪记录结冰与融化情况。

(本案例由北京市怀柔区第二幼儿园提供)

户外雪山游戏案例——"趣"玩雪滑梯

设计思考

一场大雪过后,孩子们既感受到了大自然的美好馈赠,还和教师一起在宽敞的户外场地共同建造了一座大雪山。在雪山游戏中,孩子们可以爬雪山、塑雪雕、挖洞寻宝、自制雪车和雪船等,尽情发挥自己的想象力与创造力。同时,教师根据幼儿的兴趣需求,筑造两条长短、坡面不同的雪滑梯(拓展轨迹图示),满足了不同年龄段幼儿体验在雪山上快速滑行的游戏需求。

教育建议

(1)在攀越雪山之前,需要提示幼儿穿适宜运动的服装,并做好热身活动,确保幼儿在攀越、滑行过程中的安全。

(2)鼓励幼儿自主寻找适宜滑行的工具,并适当投放大小不同的雪圈、雪橇车、滑雪板、铲子等,也可以创设"寻找宝藏"的探险游戏情境,激发幼儿的游戏兴趣。

(本案例由北京市怀柔区第二幼儿园提供)

(四)因地制宜原则

> **4.4 因地制宜原则**
>
> 应根据当地的气候与户外游戏场地的自身特点等实际条件,因地制宜、科学合理地规划设计户外游戏活动场地并配备适宜的玩教具。

幼儿园应根据当地气候条件与户外游戏场地自身特点等实际情况，利用户外游戏场地的地形地貌特点及社区自然资源，因地制宜、科学合理地规划设计户外游戏场地并配备适宜的玩教具。例如，利用缓坡、沙地、草地和大树等自然条件，以及竹木、绳索和沙水等多样化材料，为幼儿创设生动有趣、丰富多样、生态环保的户外游戏环境。

幼儿园所在地域不同，气候条件不同，植被状况不同，都会影响户外游戏场地的创设。北方的幼儿园需要考虑在严寒季节挡风和地面防滑的问题。南方炎热多雨，幼儿园户外游戏场地设计和玩教具配备必须考虑遮阴和排水问题。

农村幼儿园户外游戏场地一般都比较大，自然环境较好。在设计户外游戏场地时应当充分考虑和运用这些自然资源。城市幼儿园户外游戏场地大多空间有限，甚至不足，需要对现有空间加以充分适当的利用。

户外综合游戏案例——小空间，大发展

设计思考

我园位于一座历史悠久的小四合院内，场地小而分散、布局不规则，凉亭、游廊、树木较多。如何在狭小空间中满足幼儿的运动需求？我园尝试充分利用各种场地优势，如：改造"攀爬综合运动区"，围绕着大树向上延展，利用狭长空间前后延伸，上层可开展绳索攀爬活动，下层可供幼儿探究荡桥的平衡。在攀爬场域的设计中，有斜向、纵向、悬空等提供不同难度的攀爬网，能够锻炼幼儿的协调能力、四肢力量；在上下通道区，设有荡桥、索道、秋千等不同游戏设施，能够全面提升幼儿的运动素养。再如，教师借助狭窄的 L 形场地，投放供舞龙、舞狮、抬轿子、扭秧歌、敲锣打鼓等的材料，幼儿可以开展"舞龙舞狮"巡演游戏，增强大臂力量、协调能力，同时在合作游戏中提高对身体的控制力。

教育建议

（1）在"攀爬综合运动区"中，教师可根据幼儿的实际情况，鼓励其挑战不同层次的攀爬区域，逐步挑战自我。

（2）打破场地界限，由"整"向"散"转变，利用小院里的亭廊，提供不受场地限制的游戏材料（如开展投掷游戏的材料）；打破时间界限，由"整体"向"错峰"调整，保障幼儿的户外运动时间；打破班级界限，幼儿可自主选择游戏内容，玩遍全园，获得全面发展。

（本案例由北京市西城区西四北幼儿园提供）

户外空间利用游戏案例——有趣的"屋顶"游戏

设计思考

我园借助遮阳棚的钢结构方柱，因地制宜地形成屋檐和屋顶斜面，设计具有安全性、挑战性、多样性、趣味性的攀登架。屋顶斜面通过设置棱、角，使其出现异形凸起面，产生不同斜度；安装彩色亚克力玻璃，供幼儿感受光影变化；提供不同攀爬工具，如攀岩点（攀块）、软梯、长绳等；以结实的网面围住整个屋顶斜面，不仅保证游戏安全，还在下方巧妙形成网绳蹦床。

在健康层面，幼儿要在斜度不一、多种材料构成的斜坡上进行攀爬，锻炼身体协调性、身体控制以及平衡能力；在社会层面，幼儿要在有限的攀爬区域内商量游戏的先后顺序，增强沟通能力。攀爬之余，屋檐下面可以遮阳，不仅满足幼儿动静交替的活动需要，更为幼儿提供一个具有多种可能性的游戏空间。他们可以在这里聊天休息、为小兔子准备食物、玩角色游戏、扎染、拓印等，在自主探索的过程中提升发现问题、相互沟通、解决问题的能力。

教育建议

（1）可以利用屋顶斜面，追随幼儿的兴趣，提供适宜的材料，满足不同的游戏需要，如在屋顶上放置装着玩偶的盒子，幼儿爬到顶端营救小动物等。

（2）针对屋顶下面的空间，鼓励幼儿共同商讨、自发自主游戏，把决定在哪儿玩、玩什么、怎么玩、和谁玩的游戏权利还给幼儿。

（本案例由北京市大兴区庞各庄第二幼儿园提供）

（五）趣味性原则

幼儿园户外游戏场地设计和配备的玩教具，应适合幼儿的年龄特点，在安全的前提下，具有可玩性、可探索性和挑战性，满足幼儿游戏和探索的需要，为幼儿提供丰富多样的游戏体验，让幼儿感受游戏的快乐。

> **4.5 趣味性原则**
>
> 幼儿园户外游戏场地配备的玩教具应有趣味性，趣味性主要表现在多玩性、可玩性、美观性和挑战性等方面。能调动幼儿参与活动的积极性，有效吸引幼儿的注意力，确保幼儿可以全身心投入户外活动中。

水车

石磨

树屋

户外露营区

户外野战游戏案例——奇趣"野战"营

设计思考

我园充分挖掘场地资源,创设了充满野趣的户外野战游戏区。高低起伏的微地形,自然形成了战区的掩体,幼儿搬运沙袋及各种材料,搭建碉堡、帐篷、桥梁,修筑战壕、运输粮草、投掷"手榴弹";废旧的管道藏于黄杨丛中,"小战士们"钻地道、走独木桥、爬上小树瞭望。幼儿在乐此不疲的游戏中不仅锻炼了体能、发展了平衡能力,还促进了走、跑、跳、投、钻、爬等动作的发展。小战士服装、背包、木枪、红旗、担架、医药包等材料,使幼儿自主游戏的内容更加丰富。他们模仿军队作战,扮演指挥官、小战士、工兵、炮兵、侦察兵、军医、伤员、战地记者等角色,自主与同伴协商制定游戏规则,合作完成场地的布置、材料的摆放与搭建,在解决问题的过程中学会与同伴友好相处、分工协作,促进了社会性的发展。

教育建议

(1)以幼儿为本,鼓励幼儿自主选择材料和伙伴开展游戏。

(2)教师作为游戏中的引导者、支持者和鼓励者,要进行有效的观察,支持能力较弱的幼儿也能参与野战游戏,并及时给予鼓励,引导他们与他人交流,增强其自信心。

(3)提供不同角色需要的服装、材料、道具等,满足幼儿不断变化的游戏情境需要。

（4）野战游戏区内充满挑战的运动设施较多，教师可以和幼儿一起设计安全标志和警示牌，帮助幼儿建立自我保护的意识。

（本案例由北京市大兴区庞各庄第二幼儿园提供）

户外设施案例——雨水管道的改造与教育价值

设计思考

我园对户外雨水管道进行改造的目的是将户外雨水管道由单一功能的雨水排放系统转化为多用途空间，将雨水管道融入园所自然环境的创设中，在兼顾实用的同时凸显美学价值。我园还将收集到的雨水用于植物浇灌，吸引幼儿玩耍、体验，同时实现雨水的再利用。

教育建议

（1）雨水循环教育：教师可以和孩子一起通过观察雨水的流动、收集雨水的活动，了解雨水的循环过程，在玩耍和体验中了解科学知识。

（2）水资源保护：教师可以跟孩子将收集到的雨水用于植物灌溉，激发孩子对于水资源的探索和保护意识，凸显雨水管道改造的趣味性和可玩价值。

（本案例由北京市西城区教育研修学院附属幼儿园提供）

三、关于幼儿园户外游戏场地的一般规定

《配备规范》从对户外游戏场地的基本要求和功能分区两方面提出了幼儿园户外游戏场地创设和玩教具配备的标准。

（一）户外游戏场地要求

《配备规范》对幼儿园户外游戏场地的面积与划分、光照与遮阴、地面、场地基础、给排水系统、围栏、安全监控、无障碍游戏空间和设备等提出了基本要求。

1. 面积与划分

《配备规范》规定了幼儿园户外游戏场地的最低人均面积。

> 5.1.1 幼儿园户外游戏场地宜为一块独立宽敞场地，场地人均面积应不低于 $4m^2$。其中，共用游戏场地人均面积应不低于 $2m^2$，分班游戏场地人均面积应不低于 $2m^2$。分班游戏场地宜邻近活动室布置。

户外游戏是幼儿在园生活的重要组成部分。幼儿园户外游戏场地是幼儿接触自然、享受阳光和新鲜空气、锻炼身体、开展户外游戏活动及其他活动的地方。独立宽敞的户外游戏场地，是幼儿开展安全、丰富多样的户外游戏活动的保障。

户外游戏场地空间不足,不仅会影响幼儿的参与,限制幼儿的自由活动和探索器材与设备的机会,还容易引起拥挤、冲突,增加发生安全事故的风险。在场地条件有限的情况下,幼儿园可以在做好安全防护的前提下,将屋顶、走廊等空间改建、扩建为幼儿活动场地。

户外游戏场地包括共用游戏场地和分班游戏场地。共用游戏场地是全园幼儿进行户外游戏或大型活动的场地。幼儿园可结合建筑特点、幼儿年龄特点、一日活动计划等灵活安排共用游戏场地的使用。

共用游戏场地

分班游戏场地是各班独自进行游戏活动的场地。分班游戏场地尽量与各班活动室相邻,成为活动室的延伸空间,以创造更加开放的环境来支持幼儿的自主游戏与探索。在规划设计时要保证各班活动室的室内与室外连接通畅,方便幼儿安全、自由地出入。

2. 光照与遮阴

> 5.1.2 户外游戏场地应有充足光照,应保证二分之一以上的场地面积冬至日日照时间不少于 2h。场地还应有必要的荫凉或遮阳设施,便于在紫外线指数过高时,幼儿能到树荫下或有遮阳伞、遮阳棚的区域活动,防止紫外线对幼儿皮肤、眼睛造成伤害。

充足的日照对幼儿的身体健康大有裨益。户外游戏时间是幼儿晒太阳的良好时机。户外游戏场地应有充足光照,保证二分之一以上的场地面积在冬至日的日照时间不少于2h。户外游戏场地不宜设置在大楼后面。

户外游戏场地还应有必要的荫凉或遮阳设施。可以借助树木等自然条件或安装遮阳伞、遮阳棚等,为幼儿在夏季开展的户外活动进行遮阳,防止紫外线对幼儿的皮肤、眼睛造成伤害。

利用大树树冠来遮阳

安装伸缩式遮阳棚来遮阳

3. 地面

幼儿园户外游戏场地地面材料,按软硬度可分为软质地坪与硬质地坪。硬质地坪指水泥、透水砖、花岗岩等;软质地坪指沙土地、天然草坪、人造草坪、防腐木等。《配备规范》规定了二者所占面积的比重。

> 5.1.3 户外游戏场地应根据不同活动的需要铺设软质或硬质地坪,软质地坪面积宜大于70%。软质地坪宜为渗水性较好的沙土地、草地等。铺设合成材料面层场地应符合GB 36246的相关要求。

幼儿园户外游戏场地的地面应因地制宜,巧妙地运用园所的自然环境呈现多样化的地表形态,尽可能满足幼儿开展多种类型活动的需要。比如:供幼儿骑行

不同的地面适合不同的游戏活动

的车道应硬化；幼儿跑跳、追逐时应有相对开阔的塑胶地、泥土地或草坪等。

幼儿园在选择地面材料时应秉持安全、生态环保的原则，以回归自然为导向，避免大面积铺设塑胶等人工材料。

4. 场地基础

> 5.1.4 户外游戏场地基础应平整，应无障碍、无尖锐突出物、无沉陷、无开裂和松动等异常现象。场地设置微地形的，坡度应平缓。

户外游戏场地基础应平整，应无障碍、无尖锐突出物、无沉陷、无开裂和松动等异常现象。在幼儿园户外游戏场地设置的过程中，无论是橡胶地面还是浮动拼插地板，都会铺设水泥地基，如果水泥厚度不够，或者地面本来不平整，经过雨季和夏天就容易开裂或鼓包，造成凹凸不平的现象，因此在开展地面施工时，一定要留好充分的时间，做好地基建设。同时幼儿园的安全员在进行大型玩具检测的时候，也需要定期关注各类型地面的安全状况，并及时修补，以免发生意外。

已有研究表明，幼儿特别喜欢在不规则、有变化起伏的场地上游戏。这样的地形条件有助于丰富幼儿的探索体验，提升他们对环境的认知。因此，在保证平整宽敞的基础上，可以依据园所的原始地形特点构造出丘陵似的地形，供幼儿攀爬、翻越。坡地的高度根据坡地运动区的可用面积而定，尽量平缓。当面积较大时，可以适当提高坡地高度，拉长坡程距离；当面积较小时，尽量控制坡地高度，避免过高或过于陡峭，以保证幼儿的安全。

幼儿喜欢的微地形游戏场地

5. 给排水系统

> 5.1.5 户外游戏场地应具有良好的给排水系统，宜设洗手池、洗脚池、厕所等。农村幼儿园的污水排放不应影响园区和周边环境卫生与幼儿安全。

户外游戏场地应具有良好的给排水系统。根据游戏场地功能区设置洗手池、洗脚池、厕所等的位置。

6. 围栏

> 5.1.6 户外游戏场地周边宜设置高度不低于 2000mm 的围栏。

为确保安全，户外游戏场地周边宜设置高度不低于 2000mm 的围栏。围栏可以是铁质、木质的或用砖垒砌而成的。如果幼儿园临近公园等自然条件好且相对安静的场所，可以设置通透的围栏，从视觉上延展园所的户外空间。

7. 安全监控

> 5.1.7　户外游戏场地宜安装高清晰度安全防范视频监控装置，监控范围覆盖幼儿活动区域，监控摄像机符合 GA/T 1127 的相关规定。

在户外游戏场地的重点位置应安装视频监控装置，确保幼儿活动区域全覆盖、无死角，以便发生意外事故时可以完整还原现场情形。视频监控信息保存时间应按照国家或省相关规定执行。例如，《北京市幼儿园办园质量督导评估办法（试行）》要求，幼儿园安防监控系统有专人管理，视频记录应保存 30 天，并定期查看。

《配备规范》中提到的 GA/T 1127《安全防范视频监控摄像机通用技术要求》规定了安全防范视频监控摄像机的分类与标识、技术要求、试验方法、检验规则、标志、包装、运输和贮存等事项。

8. 无障碍游戏空间和设备

> 5.1.8　招收有残疾幼儿的幼儿园应设无障碍游戏空间和设备。

户外运动与游戏是有特殊需要的幼儿的需求与权利。招收有特殊需要幼儿的幼儿园应为他们创设适宜的、无障碍游戏活动环境。

适宜有特殊需要幼儿的无障碍游戏活动环境，应具有通畅性、安全性和挑战性等特征。

通畅性是指游戏活动环境应能够使行动不便或坐轮椅的幼儿顺畅到达游戏活动场地，并能够无阻碍地在户外游戏场地内部通行。可以通过设置宽敞的门、平坦的地面、斜坡道等实现游戏场地的通畅性。

安全性是指户外游戏场地配备的玩教具要确保有特殊需要幼儿游戏的安全。在滑梯、秋千等游戏器械上应设置合适的平台、扶手栏杆，定期检查游戏场地和配备的玩教具是否存在潜在的风险。发现问题应及时维修，以确保安全。

通往游戏场地的无障碍通道

挑战性是指户外游戏场地和配备的玩教具应激发和维持有特殊需要幼儿探索的兴趣，满足不同类型特殊幼儿的游戏需求。

（二）户外游戏场地功能区

户外游戏场地的功能分区应有利于幼儿园户外游戏活动的组织与开展。幼儿园户外游戏场地可以划分为以下功能区：大型器械游戏区、综合活动区、沙水区、骑行区、种植养殖区、涂鸦区等。幼儿园可以根据场地实际条件和课程特色等，对户外游戏场地功能区进行调整与增加。

可以采用低矮的木栅栏、高低不一的木桩、不同的地面材料等，对不同游戏

不同游戏区域之间的边界

区域进行围合与分隔，形成场地边界，但要注意保持空间的通透与开阔。还可以通过架设长廊、铺设草坪、设置凉亭等，在不同游戏区域之间构建转换区域，为幼儿提供休息与放松的空间。

户外场地设计与规划案例——"欢乐谷"

设计思考

我园的户外场地"欢乐谷"规划为三个区域，分别为蹦跳区、雪山区、树屋区。每个区域互相连接，并且设定了单、双行线路以及清晰的标识，以方便幼儿在户外区域游戏中，通过不同的运动组合，锻炼走、跳、钻、爬、攀、平衡、悬垂等基本动作技能。

（1）开心蹦跳区：蹦跳区由一个大型跳床和攀登架以及周围的道路组成。幼儿在跳床上蹦跳，可以锻炼平衡力、腿部爆发力。幼儿在前往跳床或离开跳床时，需要经过平衡木或S形攀爬网，可以锻炼平衡力、四肢协调能力。蹦跳区的跳床正下方是玩沙区域，起到跌落安全防护的作用，可以满足幼儿玩沙的游戏体验，提高幼儿触觉感知能力的发展。

（2）挑战雪山区：雪山区由大雪山、周围的攀爬网和楼梯组成。雪山内可通行，幼儿在雪山狭窄的洞内探索，发展其空间感知觉。幼儿可通过楼梯爬上雪山，从山顶平稳地滑下来，刺激平衡感的发展。与雪山连接的攀爬网以及攀登架，能充分锻炼幼儿的钻、爬、攀等能力，同时帮助幼儿克服对高空的恐惧感。

（3）趣味树屋区：树屋区由小象滑梯、螺旋滑梯、三层攀爬网、玻璃栈道以及相邻的道路组成。三层攀爬网能够激发幼儿敢于挑战的精神。不同的攀登玩具（镂空楼梯、绳索）丰富了幼儿的攀登方法。树屋内的小型攀登架有趣味性和挑战性，可以锻炼幼儿在有限空间内钻、攀、爬等能力。玻璃栈道下方是投掷墙，幼儿可用不同的物体进行投掷，巧妙地将游戏与运动相结合。

教育建议

（1）户外场地中的各个区域及区域内的玩具材料可以由幼儿自主起名字，从发起"起名字倡议"到收集、统计、整理各班幼儿起的名字，再到召集全园投票，整个过程以幼儿为主进行。

（2）教师可以通过谈话、游戏回顾等活动，了解幼儿感兴趣的话题，并根据这些话题生成小的主题，支持幼儿在欢乐谷中进行主题游戏，如"我是小士兵""我爱探险""小小快递员"等。游戏需要涉及欢乐谷中的各个区域，区域之间的联动也能更好地实现幼儿的整体性发展。

（3）教师可以进一步挖掘更多的可利用空间，创设相关环境，丰富游戏内容。例如：在两个材料之间悬挂投掷布、击打球，支持幼儿玩与投掷相关的游戏；在雪山区的"山壁"上挂一些幼儿感兴趣的表演材料（服装、道具），支持幼儿借助原有的场地空间和玩具，进行新的表演游戏；在两根立柱之间固定大小适宜的塑料硬膜，投放可水洗颜料或油画棒，支持幼儿进行涂鸦或绘画等。

（4）教师可以围绕幼儿游戏中的问题、需求、关注的话题，引导其开展多领域的探究活动。例如，面对"很多人玩时怎样能不拥堵、不'撞车'？"的问题，鼓励幼儿自主开展讨论，通过绘画的方式制作提示标牌，梳理经验并形成游戏宝典。在这个过程中，教师应支持幼儿发展动作、解决问题、合作、语言等多方面的能力。

（本案例由北京市第五幼儿园提供）

1. 大型器械游戏区

> 5.2.2 大型器械游戏区是供幼儿使用大型运动器械开展游戏的活动区域，应配备固定的大型运动器械。器械应适合幼儿的身高和活动能力。

大型器械游戏区是供幼儿使用大型运动器械开展自由游戏活动的区域，主要

大型器械游戏区

供幼儿练习攀登、钻爬、悬垂等基本动作技能，锻炼和发展幼儿身体活动的平衡、灵敏、协调性等，有助于幼儿学习轮流等待、遵守规则秩序，增强自我保护的意识与能力，养成勇敢、乐于挑战、不怕困难等意志品质。

大型器械游戏区配备的器械应适合幼儿的身高和活动能力，符合国家或行业安全标准，安装牢固；功能多样，有利于幼儿走、跑、跳、攀、爬、钻等基本运动能力的发展；能够激发幼儿探索和运动的兴趣，游戏性强；数量充足，避免幼儿消极等待。

幼儿园可根据场地条件，选择配备具有攀、爬、滑、钻、荡等单一功能或多功能组合的运动器械。为中大班配备的运动器械不能少于滑梯、攀登架、爬网（或钻网、钻筒）、秋千、云梯（或单杠）等。可组合的运动器械包括滑梯、攀登架、爬网、钻网、钻筒、云梯、单杠中的两种或以上，组合运动器械的入（出）口以台阶、爬梯、扣梯等为宜。组合的各项器械的规格要求应与单一设置的器械的要求一致。如果幼儿园的场地条件仅能够为小班和中大班各配备一架组合运动器械，应综合考虑组合器械的种类、占地面积、平台面积、出口和入口的数量等，以满足一个班的幼儿同时活动为宜。

幼儿园可因地制宜，利用园内的缓坡、草地、沙地、大树等自然条件，使用竹木、绳索等材料，为幼儿创设安全合理、好玩有趣、生态环保的大型固定器械游戏区，让幼儿亲近自然，在大自然中运动嬉戏、探索发现、想象创造。

大型器械类设施案例——开放式环形步道

设计思考

在幼儿园户外游戏场地有限的情况下，经过多方统筹与思考，我们以环形步道为

三、关于幼儿园户外游戏场地的一般规定 ■ 037

主,融入多样化的游戏功能,从而解决场地有限带来的问题。我们采用上下错层且无限循环的设计理念,通过向空中拓展,将单层空间变为多层空间,成功地增加了活动空间。一层以秋千、悬垂和攀爬网格为主的功能设施,锻炼幼儿的上肢力量和平衡协调能力;二层利用上层高度优势,自然延伸出提供不同挑战的滑梯,通过钻笼爬网与二层连接,设计摆荡类和平衡类设施以及玻璃栈道、传声筒等,增加更多的趣味性和挑战性,实现有限空间的多重功能,极大地拓展幼儿的游乐空间,满足不同幼儿的游戏需求。环形步道的设计与周围的树木遥相呼应,形成天然的遮阳区,为幼儿提供游戏和休息的最佳场所。

教育建议

(1)根据幼儿的年龄特点,由易到难地开展游戏活动,从简单的讨论开始,逐步引导他们生成自主多样的游戏形式。

(2)尊重并支持幼儿进行多种形式和情境的游戏(如,上下运输、在步道上日光浴、眺望远方等),以拓展他们的游戏经验。

(本案例由北京市大兴区庞各庄第二幼儿园提供)

2. 综合活动区

综合活动区主要供幼儿园组织幼儿开展升旗、做操、体育游戏等集体活动,同时支持幼儿以班级为单位开展自主游戏(涉及沙包、飞碟、球、跳绳等)或循环式体能练习活动。30m 直线跑道及小篮球、小足球场地也设置在这一区域。

> 5.2.3 综合活动区是供幼儿开展集体活动（例如升旗、早操、体育活动）和自选游戏的多功能活动区域，应配备可移动的中小型户外运动器械和游戏材料。在适宜位置：
> a）应设置旗杆、旗台；
> b）应设置 30m 长的直线跑道，缓冲区不少于 5m；
> c）宜设置小篮球、小足球场地，场地建设可参考 JY/T 0627、JY/T 0629 的相关要求。

综合活动区的场地应为较宽阔平坦的地面，四周无杂物堆积。地面要以塑胶地、草地、土地为主。地面上可配有相应的标记、卡通图案，以增加游戏的趣味性。有条件的幼儿园应当在综合活动区的边角建造玩具储藏室，以方便小型运动器械和材料的存放。

综合活动区配备可移动的中型运动器械和小型运动器械。可移动的中型运动器械包括大小和重量适合幼儿搬动、组合使用的各种梯子，厚薄、轻重、长短、宽窄等不一的木板、凳架等。小型运动器械包括羊角球、飞盘、沙包、绳、高跷、毽子、套圈、陀螺等；按功能可划分为投掷类（沙包、网球、飞盘、皮球等）、平衡类（梅花桩、S 桥、平衡木、高跷、铁环等）、钻爬类（钻爬网、拱形门等）以及其他小型游戏材料（拖拉玩具、毽子、绳子、跳绳、羊角球、跳跳鞋、空竹、套圈等）。辅助材料可包括交通标志牌、障碍物、篮筐、垫子、梯子、油桶、纸棍等。

综合活动区可配备的器械或游戏材料应种类丰富，材质多样，数量充足，重量适宜，质量合格，无安全隐患，适合幼儿使用，能够促进幼儿走、跑、跳、钻、爬、投等多种动作的发展，满足幼儿游戏活动的需要。例如，投掷类器械应材质柔软且有一定的重量；凳架、拱形门、跳箱、彩虹河石等不宜过重，应便于幼儿取放。

综合活动区的器械或游戏材料可以根据不同的季节配备。皮球、跳绳、飞盘等提供适中运动量的游戏材料适合春秋季；呼啦圈、钓鱼竿、水枪等提供较小运动量的游戏材料适合夏季；铁环、高跷、跳跳鞋等提供较大运动量的游戏材料适合冬季。

综合活动区

综合活动区的器械或游戏材料也可以根据幼儿的年龄特点配备。飞盘、沙包、羊角球等适合小班；高跷、跳跳鞋、套圈等适合中班；跳绳、铁环、空竹等适合大班。

对于跳袋、滚筒、沙包等游戏材料，幼儿需要在教师的指导下使用。在游戏前，教师应指导幼儿做好热身运动，明确游戏材料的使用方法和游戏规则，发展幼儿的自我保护意识；在游戏过程中，教师要提醒幼儿控制游戏的频率、速度、方向和力量等，量力而行，避免因控制不当对自己或他人的身体造成误伤。

综合活动区活动内容多种多样，既可以按照投放材料的类型划分为不同内容的活动区域（如投掷区、平衡区、钻爬区等），也可以划分为不同年龄班的活动区域（参见图3.1），供全园幼儿轮流开展不同内容的游戏活动，或进行循环式体能练习活动。

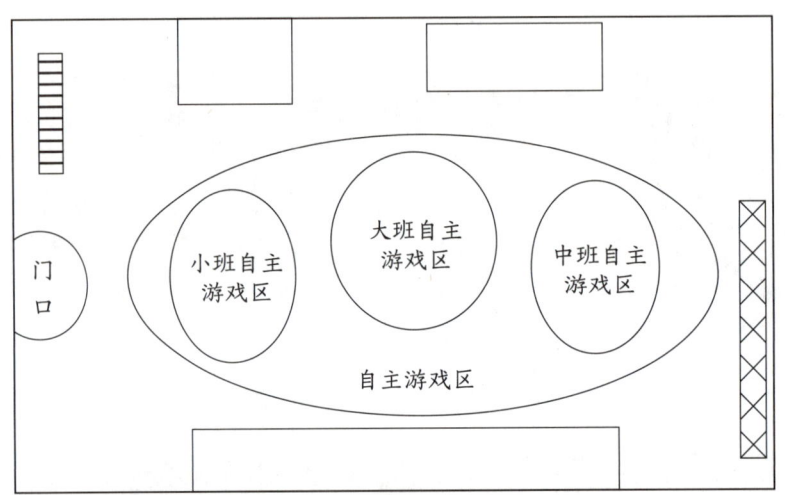

图 3.1　按年龄班级划分的综合活动区

　　幼儿园应科学规划综合活动区场地和器械的使用。教师要加强对幼儿游戏的指导，避免班级间或幼儿间在游戏时出现材料冲突以及场地拥挤、相互干扰等情况。

　　幼儿使用器械或游戏材料后应整理归类、统一放回，方便再次取用器械或游戏材料。综合活动区的器械或游戏材料品类繁多，大小不一，可按材质和锻炼目的等分类存放。每学期进行盘点和登记造册，定期检查所有器械或游戏材料并及时修复或更换。木质材料应注意避免阳光暴晒或雨淋，定期检查其平稳状态，确保无倒刺、腐化、变形、开裂等情况；金属材料应定期检查表面是否光滑，无生锈、螺丝脱落等情况；钻爬网、爬行垫、绳、袋等材料要定期检查是否有破洞、掉线、松动脱落等情况；沙包等有填充物的材料要经常检查有无破损情况；羊角球、皮球等充气玩具需及时充气，定期检查是否开裂。

　　定期清洗所有器械或游戏材料，保持清洁，能湿式擦拭、清洗的物品应根据污染情况每周消毒、清洗一次。

三、关于幼儿园户外游戏场地的一般规定　041

综合活动区案例——战车动起来

设计思考

我园在户外游戏场地中,投放了"万能工匠"以及木板、梯子等材料。游戏初期,幼儿组合不同的材料,最终完成了一辆战车,这辆战车需要凭借小朋友在后面推,才能向前移动。后来经过幼儿的讨论和改进,他们利用万能饼四周的圆孔,把棍子插到里面并向前推动,使战车动了起来。通过拼装,幼儿手部肌肉的力量、灵

活性和协调性都得到了发展。此外,幼儿通过推动棍子来不断向前推动轮子的过程,激发了进一步探究的欲望和兴趣,从中感知了"省力杠杆"的原理。

教育建议

(1)支持幼儿进行"力"的科学探索,加深幼儿对于"力"的认识和了解。

(2)鼓励幼儿创新游戏玩法,进一步使幼儿发挥想象力和创造力进行游戏,如加宽战车,使其可以坐更多的人等。

(本案例由北京市昌平区机关幼儿园提供)

3. 骑行区

> 5.2.4　骑行区是供幼儿使用各种推拉、骑行玩具开展游戏的区域。宜配备多种小推车、儿童三轮车等。

幼儿园可以根据户外游戏场地的条件设置骑行区。可以沿幼儿园围墙设置幼儿骑行车道,也可以专门划分出一定的空间,供幼儿玩推拉、骑行玩具。车区的位置和大小要适宜,方便幼儿停取车。供幼儿骑行的地面应平坦硬化,以保证

安全。可以设置一定的情境,以增强骑行的趣味性,帮助幼儿了解和体验交通规则。

骑行区可配备的游戏材料包括推拉车、脚踏车、滑板车、平衡踩踏车等各种童车;辅助材料包括警察服装、安全帽、加油站、交通标志等。车辆配备应考虑不同年龄班幼儿的年龄特点和骑行能力,为不同年龄班幼儿选择和配备大小、高矮适宜的车辆。车辆要结构安全耐用,色彩搭配和谐,耐磨、耐老化、防裂。

幼儿园应有专人负责车区装备的使用、维护和管理。车区装备需登记造册,每学期清点一次。每天要对车辆消毒、擦拭、清洁,每次消毒均应填写消毒记录表。定期检查车区内各种车辆的使用状况、零部件细节等,及时排除安全隐患,保证幼儿活动的安全。

加油站

模拟"洗车行"

有交通信号灯的车道

车辆收纳处

户外骑行区游戏案例——乐享骑行

设计思考

我园结合园所的地势和环境特点，为幼儿创设了可自由环绕、路面多样、充满趣味和挑战性的骑行环境。我们打造了宽敞平坦的大路、弯曲的"羊肠小道"、不同坡度的波浪形路面、自然生态的沙地越野路面，在各个关键路口、交叉口提供适宜的交通标识、服饰和安全帽等，营造贴近生活的骑行环境，满足幼儿的游戏需求。我们还充分利用设计后的不同路面，提供三轮车、两轮车、滑步车、平衡车、自行车、滑轮鞋等，拓展骑行道路使用的范围、功能和难度，让幼儿体验不同的骑行和轮滑乐趣。在"挑战性骑行游戏"中，幼儿能够提升平衡力、协调力、耐力和灵敏性，获得自信、尊重、友爱和分享等情感态度。

教育建议

（1）在游戏中为幼儿提供安全防护物品（如安全帽、护膝等），培养幼儿的交通规则意识和自我安全保护意识。

（2）可以与家庭合作，鼓励幼儿带自己熟悉的小车等，引导幼儿根据自己的兴趣和自身能力来选择对应难易程度的车辆和骑行段进行游戏。

（3）除骑行游戏外，小车可以作为交通工具，供幼儿在不同游戏区之间联动使用。幼儿可以自己设计骑行路线、运送游戏材料、制定各个游戏区的停放规则等，成为游戏真正的主人。

（本案例由北京市大兴区庞各庄第二幼儿园提供）

4. 沙水区

> 5.2.5 沙水区是供幼儿进行玩沙、玩水的活动区域，应配备沙池、水池及玩沙、玩水的工具等。沙池、水池符合下列要求：
> a）沙池应置于向阳背风处，沙池深应为30cm~50cm，面积不宜小于30m²。边缘应呈弧形且略高出地面，应使用细软清洁的海沙、河沙等天然沙，不应使用工业用沙，沙池应有良好的排水功能，应定期消毒。
> b）水池宜靠近沙池附近，贮水深度不应超过30cm，面积不宜超过50m²，可修建成各种形状，宜有亲水平台、蘑菇伞亭、喷泉和小滑梯等，水质标准应与生活饮用水相同，宜保持流动性，应定期换水。

玩沙、玩水是幼儿非常喜欢的游戏活动。幼儿园可以根据本园户外游戏场地的条件因地制宜地为幼儿创设有趣的沙水区。可以分别设置玩沙区和玩水区，也可以合并设置沙水区。

（1）沙池与玩沙材料

沙是幼儿非常喜欢的一种自然材料。沙池应位于向阳背风处，做到冬有阳光夏有遮阴，利用阳光对沙土进行消毒。沙池应靠近水源，方便幼儿用水。沙池深为30cm~50cm，底部应逐层铺设具有良好排水功能的碎石、卵石，石头的边缘应为圆角且略高出地面，可使用混凝土、原木等材料进行围合。沙池上方可用帆布或木板遮盖，旁边可放置低矮的桌子作为幼儿的游戏平台。

应使用细软清洁的海沙、河沙等天然黄沙，避免使用白沙和经工业加工的有色沙，禁用石英砂等工业用砂。沙池需定期进行翻晒、清洗、消毒和更新，以保持沙子松软清洁。每次幼儿进入沙池前，教师应检查沙池是否清洁，有无杂物、动物粪便等，保证幼儿活动的安全。

玩沙区配备的游戏材料包括沙铲、沙耙、沙漏、沙筛、小锤子、水桶、沙水盆、各种塑形模具、橡胶小玩具、沙水玩具车、雨鞋等。玩沙区配备的游戏材料种类和数量要充足，确保安全，经久耐用。玩沙区游戏材料应登记造册，每学期清点一次。幼儿园应按照《托儿所幼儿园卫生保健工作规范》的要求，定期消毒、清洗玩沙区的游戏材料。能湿式擦拭、清洗的游戏材料应根据污染情况每周消毒浸泡、清洗，再用清洁布擦干或在通风处晾干。

玩沙区

提供玩沙材料

户外玩沙区案例——沙池里"坡"有趣

设计思考

在沙池里堆建沙坡,最早的初衷在于创造一个向上拓展的空间。沙坡的建造形成了非常自然而有挑战性的坡道,在坡道上幼儿可以体验上下坡时独特的视觉和速度变化。幼儿可以借助垫子、木板、纸板等材料探索不同坡度、滑道与速度之间的关系。幼儿在合作搬运材料、爬沙坡的过程中还锻炼了合作与交往能力。一个普普通通的小沙坡在孩子们来来回回的攀爬、探索中,在潜移默化中促进了幼儿探究、合作、想象等能力的发展。

教育建议

(1)教师在沙池旁投放垫子、木板、纸板等不同材质的辅材,支持幼儿在滑沙时进行科学探究,感受不同材质的物品的摩擦力。

(2)支持幼儿用多种感官体验沙子的特性,如感受沙的流动性、沙砾的粗细等。在沙池旁引入水源后,教师还可以鼓励幼儿感受湿沙子的可塑性。

(本案例由北京市昌平区机关幼儿园提供)

户外泥区案例——泥巴玩起来

设计思考

我园创设泥区旨在为幼儿提供一个自然、开放、充满野趣的玩泥环境,满足幼儿玩泥的需求。土壤地是幼儿天然玩泥的场地,也是幼儿随手可得的玩泥材料。我园为幼儿提供各种玩泥工具,例如铲子、勺子等挖土工具,筛子、纱窗等筛土工具,桶、

棍子等和泥工具，挤、敲、压的塑形工具。泥巴本身具有多元性和开放性，幼儿可以挖土，也可以就地和泥。他们可以在泥坑里踩泥，也可以利用墙面扔泥，利用水泥地摔泥，还可以进行艺术创作。泥块、泥浆、稀泥、泥巴、泥堆、泥砖，干湿不同、薄厚不同、形状不同，质感、手感丰富多样，创作方法也各不相同，能激发幼儿的想象和创造。

教育建议

（1）要满足不同年龄幼儿游戏的需求，场地、材料和玩法都是动态可变的，不固化空间的大小和功能。

（2）材料和工具尽可能选择自然物和金属、塑料物，不受天气影响，也不容易腐烂。

（3）注意天气和气温，为幼儿投放防水、保温的水服和水鞋。

（4）教师要对幼儿进行安全玩泥的教育，避免幼儿误食。

（本案例由北京市昌平区机关幼儿园提供）

（2）水池与玩水材料

水是自然界给予幼儿的天然的游戏礼物。玩水游戏不仅可以让幼儿获得快乐的情绪体验，还可以丰富幼儿关于水的各种经验（包括湿与干、沉与浮、热与冷、重与轻、满与空等），观察到水的流动形态，感知水流的速度和流量等。

水池面积应适中，不宜超过 $50m^2$，能满足 2 个班的幼儿同时戏水即可。水池贮水深度不得超过 30cm。水池周围设石栏或木栏等防护措施，边缘做圆滑处理，池底铺设防滑材料并找平。水池周围可设置高低起落的蘑菇伞亭、喷泉和小滑梯等设施，丰富玩水游戏的空间层次。

幼儿园可根据自身条件创设玩水区，例如：模拟自然水体的小溪、池塘、河道和湿地等；根据水流重力原理建造的小溪或小瀑布；将水引向泥坑、沙区的"河道"；与幼儿种植区相通的水渠、水车、水坝等。这些玩水区的设置，不仅可以增强幼儿玩水的乐趣，还可以让幼儿了解各种水体，在玩水游戏中体验水力系统的工作原理。

供幼儿戏水的水池，应安装水循环和过滤装置。无论是模拟自然的水体还是人工的水体，水体的水质标准应与生活饮用水相同，保持良好的流动性，并且定期换水。应依据《托儿所幼儿园卫生保健工作规范》安排专人定期监测水质，必要时做消毒杀菌处理。

玩水区配备的游戏材料包括水桶、喷水器、喷壶、多孔板、各种规格的透明

玩水游戏装置与材料

细圆直管、多孔透明直管、透明软管、剖面直管、感知沉浮的玩具、吸水玩具等。玩水游戏材料的种类和数量要充足，满足幼儿玩水游戏的需要，确保安全，经久耐用。

幼儿园应有专人负责玩水区装备的管理、使用和维护。定期对装备和游戏材料进行消毒清洗，并用清洁布擦干或在通风处晾干。定期检查玩水区装备的使用状况，及时排除安全隐患。监测长期积水处的水位，以免突然涨高。

每次进入玩水区前，要检查相应装备的状况，保证幼儿活动的安全。幼儿玩水时要有专人负责看护，防止幼儿跌落水池中。玩水区的游戏材料应登记造册，每学期清点一次。

户外玩水区案例——玩转四季的池塘游戏

设计思考

在设计幼儿园的池塘时,我们希望创造一个既安全又多样化的戏水空间,因此对池塘的位置、尺寸及安全性都进行了全面的考虑。池塘的位置选在幼儿园的正门处,背靠楼梯一侧和两棵大树,在最大可视范围内形成天然的遮阳区域。水池的尺寸要适中($5m^2$~$10m^2$ 为宜),以便一群幼儿可以同时使用。水池底部经过特殊处理,具有防水和防滑功能,边缘用大块的石头处理,起到防滑的作用且方便幼儿自由地进入。在池塘的两侧分别增设了多个压水装置、无动力脚踏水车、小鱼、水生植物及隐藏式的可以让小鱼过冬的"家",为幼儿营造了一个既安全又充满活力的生态系统,他们在一年四季都能体验到玩水或玩冰的乐趣,拥有观察、学习和探索自然的绝佳机会。

教育建议

(1)针对不同的季节和天气条件,教师可以提供各种与水互动的游戏材料,如桶、竹子、管子、刷子等,鼓励和支持幼儿在池塘周围开展各种活动,体验四季的变化和自然的魅力。例如:在春季观察水生植物、小鱼等,进行写生或捕捞;在夏季垂钓或戏水;在冬季凿冰、玩冰壶等。

(2)幼儿可以参与清理池塘,捞取落叶和杂物。池塘的水还可以用于浇灌草地和果树等植物,由此幼儿能够形成良好的劳动习惯,同时增强爱护环境的意识。

(本案例由北京市大兴区庞各庄第二幼儿园提供)

5. 种植养殖区

种植养殖区是供幼儿开展种植养殖活动,探索发现植物、动物生长规律的户外活动区域。种植和养殖任务的参与,有助于幼儿学会承担责任,变得更有爱心。

> 5.2.6 种植养殖区是供幼儿开展种植养殖活动,探索发现植物、动物生长规律的户外活动区域。种植区及其他绿地中不应种植有毒、带刺、有飞絮、病虫害多、有刺激性的植物。不宜种植的主要植物见附录B。养殖区应

> 饲养无毒、无害、小型、非野生的常见动物，如兔、仓鼠、乌龟等。饲养动物注意的问题见附录C。

（1）种植区

种植区是幼儿开展种植活动、探索发现植物生长规律的户外活动区域。通常按班级划分责任种植区。在种植区，幼儿可以动手为植物浇水、拔草、施肥，亲历、探索和发现植物的生长过程。

幼儿的种植活动和种植区

种植区应设置在向阳背风处。每个班级的责任区域之间应有明确的界限划分标志，留有便于幼儿观察、走动的空间。

种植区配备的活动材料是适合幼儿使用的基本种植工具，如儿童铁锹、小铲子、小耙子、小叉子、喷壶、小桶、标尺、吸水绳、编织绳以及土培盒、种植盒、水培盒、壁挂盒等辅助材料。在使用铁锹、小铲子、小耙子、小叉子等种植工具时，教师要教给幼儿正确的操作方法，避免因错用、误用伤害自己、他人或植物。

根据幼儿园所在地域的气候特点，选择常见的、适合幼儿种植的植物，不能种植有毒的植物。以种植可观赏花、叶、果的植物为主，并在植物上标注名称。在保证安全的情况下，可组织幼儿观察带刺的植物。

定期对种植区的装备进行消毒处理。定期检查，检查的内容包括：工具的零件是否松动，表面是否有毛刺和尖状物、是否破裂等。一旦发现问题应立即停止投放，及时采取措施。有病害或虫害需要喷洒农药时，要由专业人员进行，并有相应的安全提示和指导。

❝❝ 户外种植区案例——种植小天地

设计思考

不同的植物对于建立一个能够为幼儿提供丰富感官体验的游戏空间至关重要。要将幼儿园打造成一个具有游戏性、观赏性、体验性和丰富性的自然乐园。我园充分考虑了室内外场地的特点（如楼面的荷载和楼顶地面的防水性等），对楼顶、平台和户外的环境、土壤进行了安全以及种植适宜性的评估。结合场地优势，我们开设了楼顶空中花园、班级果蔬种植园、水生植物区、可移动种植箱等多种体验区，让全园的幼儿都可以自由地观察、照顾植物。尽可能地丰富园内的果树、花卉、农作物的数量和种类，在真实的种植环境中引导幼儿调动感官，去感知、体验、观察、分析、思考和创造。错落有致的摆放，有利于培养幼儿的美感；充足的种植工具，能够满足幼儿的活动需求，让户外种植活动顺利进行，培养他们对自然界的认知、热爱和劳动意识。

教育建议

（1）可在种植区附近设置一个观察和学习区域，放置一些放大镜、种子或者相关的绘画和展示板，让幼儿可以观察、记录和学习，了解植物的生长过程和自然的奥妙。

（2）支持幼儿持续、深入地参与播种、照顾、采摘、品尝、制作等活动，培养幼儿的劳动能力和爱惜粮食的美好品德，让他们更好地感受自然的馈赠和劳动的价值。

（3）种植区可以与其他区域（如养殖区、幼儿园食堂、小厨房游戏区等）联动，让幼儿的游戏与生活紧密相连。

（本案例由北京市大兴区庞各庄第二幼儿园提供）

（2）养殖区

养殖区或饲养区是幼儿在成人指导下喂养、照顾小动物的活动区域。教师应指导幼儿掌握必要的饲养技能，引导幼儿观察小动物的外形特征、生活习性和生长过程，并做相关记录。对于饲养活动，可以由对饲养活动感兴趣的幼儿自愿参与，也可以由幼儿班级轮流参与。

幼儿园可设置全园公共饲养区。饲养区应安排在幼儿园户外场地常风向的下

养殖区或饲养区

方区域。幼儿园如果场地空间狭小有限，可以在公共绿化区搭建动物饲养区，为幼儿提供观察动物的户外场地。

养殖区饲养的动物应为常见、性情温驯、易于饲养、幼儿喜爱的小动物，并配备养殖箱、饲养笼、观察盒等。根据所饲养动物的习性特点，选择配备适宜的动物笼舍，例如，四周有防护网围合的飞禽笼，用低矮栅栏围合的家禽区等。

饲养活动工具包括渔网、一次性手套、食物夹子、放大镜、昆虫采集夹、扫把、簸箕等。在幼儿投喂动物时，教师要指导幼儿与动物保持一定距离，使用夹子或佩戴一次性手套投喂动物，避免被动物咬伤或啄伤。幼儿投喂动物后要及时按照要求洗手。

根据《中华人民共和国动物防疫法》的第二章第十七条，饲养动物的单位和个人应当依法履行动物疫病强制免疫义务，按照兽医主管部门的要求做好强制免疫工作。经强制免疫的动物，应当按照国务院兽医主管部门的规定建立免疫档案，加施畜禽标识，实施可追溯管理。

要定期进行卫生安全检查，打扫饲养区中的粪便，保持清洁，及时修理中大型动物栏舍。做好饲养场所的消毒灭菌工作，避免因病原微生物引发的疾病传播。具体的消毒方法可参考以下步骤。

①消毒前的准备。在进行消毒前应将圈舍内的粪便及杂物（包括动物的排泄物、分泌物、剩余饲料、各类垃圾等）清除出圈舍，在指定的地点堆积、密封发酵；用含有消毒药（药液应符合使用浓度）的水，仔细冲刷地面、笼具、网具、护栏和设备、墙壁、屋顶等，再将它们的表面冲洗干净；在其表面干燥后（约30min）再进行正式的消毒。

②消毒药的选用。为动物消毒时要选择刺激性和浓度较低的消毒药，药物必须符合使用标准。以下消毒药可以在为动物消毒时使用，但应注意浓度：蓝光消毒剂刺激性和毒性均小，使用浓度为200mg/L~300mg/L；次氯酸钠使用浓度应为0.2%，不超过0.3%；消特灵使用浓度为1∶600~800；威力碘、PV碘[①]使用浓度

---

① 即聚维酮碘（povidone iodine），为广谱的强力杀菌消毒剂。

为 100ppm；过氧乙酸使用浓度为 0.2%，不要超过此浓度。

③消毒的操作。场内环境的消毒一般以喷洒的方式进行。按以上要求选择消毒物；计算整个环境的面积，并按 80mL/m³~100mL/m³ 的用药量（一般在水泥地面，土壤地面可适当加大 1~2 倍的用药量）计算单次消毒所用总药量；按照浓度要求配置好消毒液进行消毒，应特别注意喷洒消毒液时要在整个环境中均匀喷洒。一般每月需进行 4~5 次彻底消毒。每次消毒均应做好记录。

6. 涂鸦区

> 5.2.7 涂鸦区是供幼儿开展自由绘画、体验创造的户外活动区域。宜配备涂鸦墙、绘画工具等。

涂鸦区是供幼儿开展自由绘画、体验创造的户外活动区域。在涂鸦区，幼儿可以根据需求选择运用各式各样的绘画工具尽情描绘，用色彩与线条表达自己的内心世界，充分释放天性，享受涂鸦游戏带来的乐趣与满足感。这不仅能激发幼儿的想象力与创造力，丰富他们的艺术感知与创作，同时有助于其手部精细动作以及情感、社会性的发展。

涂鸦区大多设置在相对独立安静、光照条件适宜、靠近水源的场地。幼儿园应根据园所的建筑设施，选择面积较大的墙面作为涂鸦墙。除了固定的位置，可

涂鸦区

以利用户外透明画架或其他材料（如园所的树干、石块以及废旧的油漆桶、轮胎、纸箱等），丰富幼儿可创作的空间，打造可移动的涂鸦区。绘画工具包括滚轮刷、水彩笔、水粉笔等，还可以利用自制工具、自然物等材料（如布条、棉签、海绵、松果、树枝等），供幼儿创造性选择与使用。除此之外，还应配备一些辅助工具，包括盘子、喷壶、胶带和剪刀等。

四、玩教具配备要求

《配备规范》从总体要求和配置要求两方面，对幼儿园玩教具配备提出了要求。

（一）总体要求

《配备规范》指出，幼儿园户外玩教具必须符合国家或行业相关安全规范和标准，包括：《教学仪器设备产品一般要求》、"CCC认证"[①]要求、户外大型器械游戏区设备的安全规范、户外中小型玩教具的安全规范、安全警戒标志规范，以及发展适宜性标准。

1.《教学仪器设备产品一般要求》（JY 0001）

《配备规范》的6.1.1指出："进入幼儿园的户外游戏玩教具，应符合JY 0001的规定……均需取得通过资质认定的质量检验机构出具的符合相关标准的合格检测报告。"

JY 0001是由教育部于2003年发布、2004年实施的《教学仪器设备产品一般要求》，属于教育行业标准。该标准规定了关于教学仪器设备产品在性能、安全、结构、外观、标志、合格证、使用说明、包装、运输、储存、保管和维护等方面的一般质量要求。

---

① 英文全称为China Compulsory Certification，中文意即"中国强制性产品认证"。

2. "CCC 认证"要求

《配备规范》的 6.1.1 进一步指出，属于《强制性产品认证目录》的产品，必须获得中国强制性产品认证（即 CCC 认证）。强制性产品认证是指在特定领域内，强制对相关产品进行认证，以确保产品符合国家或地区的强制性技术标准、安全标准、环保标准等相关要求，保障消费者的安全和权益。强制性产品认证通常由政府机构或专门的认证机构进行，认证合格的产品才能进入市场销售。

被纳入《强制性产品认证目录》中的玩教具包括童车、电玩具、塑胶玩具、金属玩具、弹射玩具、娃娃玩具等。在购买被纳入《强制性产品认证目录》中的玩教具时，必须检查它们是否带有 CCC 认证标志（参见图 4.1）。

图 4.1　CCC 认证标志

3. 户外大型器械游戏区设备的安全规范

《配备规范》的 6.1.2 指出，幼儿园户外大型器械游戏区的设备安全性要求应符合 GB 19272 及 GB/T 34272 的规定。

GB 19272—2011 是由国家质量监督检验检疫总局和国家标准化管理委员会联合发布的《室外健身器材的安全　通用要求》的国家标准。在《室外健身器材的安全　通用要求》中，可以找到对幼儿园户外大型器械游戏区几乎所有设备（如攀登架、滑梯、悬垂类滑道、秋千、荡椅、浪桥等摇摆式器材）的产品安全要求以及安装规范。

图 4.2 是《室外健身器材的安全　通用要求》对于大型游戏器械的最小空间、跌落空间、自由空间和器材占用空间等术语的解释和图解。幼儿园自制的户外大

型器械游戏设备也必须符合《室外健身器材的安全 通用要求》的国家标准。

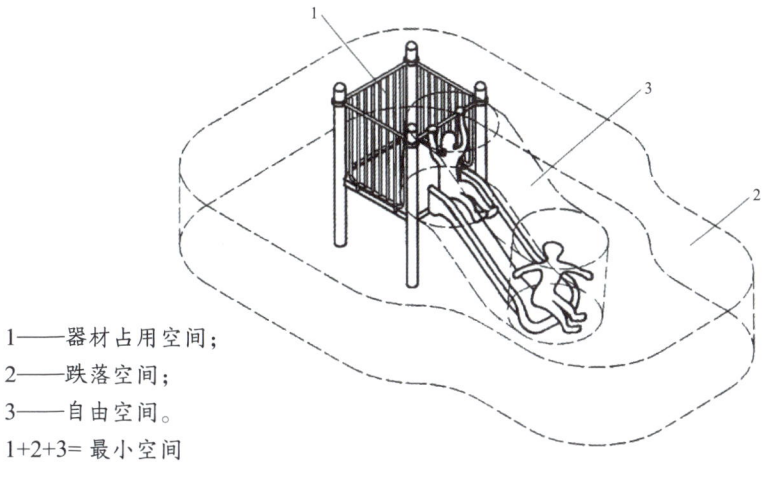

1——器材占用空间；
2——跌落空间；
3——自由空间。
1+2+3= 最小空间

图 4.2 空间

注：最小空间指器材安全使用所需的空间，包括跌落空间、自由空间和器材占用空间。自由空间指使用者在器材作用下，在其内、其上或其周围运动时所占用的空间（如下落、滑动、摆动、摇动等）。跌落空间指使用者从器材跌落高度的支撑部位跌落、下落时可能通过的空间。

GB 19272—2011 还规定了平台的跌落空间和碰撞区域的范围以及测量方法。碰撞区域应从器械的外侧边缘向外水平测量（参见图 4.3）。

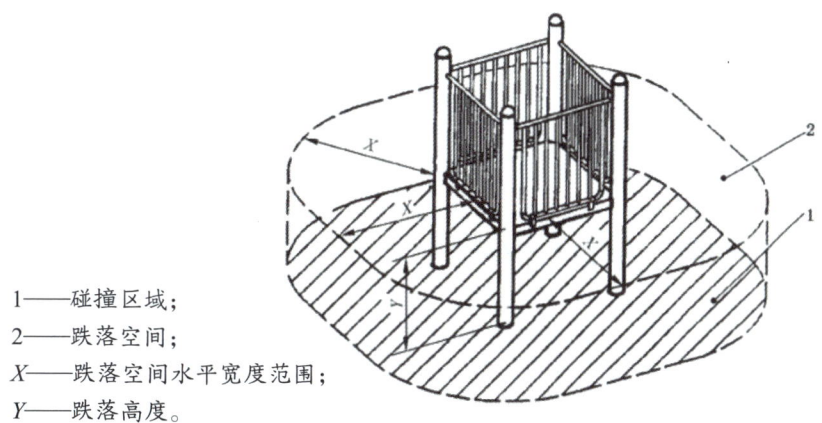

1——碰撞区域；
2——跌落空间；
X——跌落空间水平宽度范围；
Y——跌落高度。

图 4.3 平台的跌落空间和碰撞区域

跌落高度越高，则碰撞区域范围越大。若跌落高度 $600mm \leqslant Y \leqslant 1500mm$，则跌落空间水平宽度范围 X 应为 1500mm。同时，大型器械跌落高度如超过 600mm，必须在所有碰撞区域用软性材料（如沙、土、橡塑地板等）铺设着陆缓冲层。GB 19272—2011 规定了跌落高度与着陆缓冲层铺设的不同材料的最小厚度（参见表 4.1）。例如：如果一架滑梯的站立平台高度（跌落高度）为 1000mm，则碰撞区域范围（包括滑梯下方部分和从滑梯边缘向外伸展的部分）应为 1500mm。着陆缓冲层如铺设橡塑地板，则最小厚度应为 25mm；如铺设沙子，则最小厚度应为 200mm。

表 4.1 常用缓冲材料的厚度和相应临界跌落高度（单位为 mm）

材料	描述	最小厚度	临界跌落高度
橡塑地板	—	25	≤ 800
草地或上层土	—	—	≤ 1000
树皮	20~80 颗粒大小	200	≤ 2000
		300	≤ 3000
木屑	5~30 颗粒大小	200	≤ 2000
		300	≤ 3000
沙子	0.2~2 颗粒大小	200	≤ 2000
		300	≤ 3000
碎石	2~8 颗粒大小	200	≤ 2000
		300	≤ 3000

《配备规范》的 6.1.6 提出，幼儿园户外大型器械游戏区的设备在正常使用时产生的噪声应不超过 65dB。

4. 户外中小型玩教具的安全规范

GB/T 34272—2017 是由国家质量监督检验检疫总局和国家标准化管理委员会联合发布的《小型游乐设施安全规范》，规定了公共场所小型游乐设施的材料、安全要求、标志、使用管理等。例如，它规定高度 600mm 的站立平台必须安装高度不小于 600mm 且不大于 850mm 的护栏。跌落高度大于 1000mm 的站立平台，必须在四周安装围栏（出入口除外）。如游玩者为 3—5 岁的幼儿，围栏高度应不小于 740mm；游玩者为 5—14 岁，则围栏高度应不小于 970mm。下文有《小型游乐设施安全规范》关于护栏和围栏的规定和图解。

> **5.4.3 护栏**
>
> 5.4.3.1 高度在 600mm~1000mm 的站立面，应在阶梯或斜坡的两侧及平台的四周安装护栏，出入口除外。
>
> 5.4.3.2 护栏的高度应不小于 600mm，且应不大于 850mm。
>
> 5.4.3.3 除阶梯、斜坡和桥式过道外，护栏出入口的最大宽度应不大于 500mm。
>
> 5.4.3.4 对于阶梯、斜坡和桥式过道，护栏出入口的最大宽度不能大于上述部件的宽度。
>
> 5.4.3.5 护栏的横截面尺寸应符合 5.5 规定的握持要求或抓持要求。

> **5.4.4 围栏**
>
> 5.4.4.1 跌落高度大于 1000mm 的站立面，应在阶梯或斜坡的两侧及平台的四周安装围栏，出入口除外。
>
> 5.4.4.2 围栏的出入口最大宽度不应超过 500mm。如有护栏横过出入口，围栏的出入口宽度应大于 500mm，小于或等于 1200mm。
>
> 5.4.4.3 围栏的出口与楼梯、斜坡、吊桥相衔接时，其出入口的最大宽度应不大于楼梯、斜坡和吊桥的宽度。
>
> 5.4.4.4 高度大于 1000mm 的站立面，游玩者为 3—5 岁其围栏的高度应不小于 740mm，游玩者为 5—14 岁其围栏的高度应不小于 970mm。
>
> 5.4.4.5 围栏不应设置可供使用者攀爬的任何横杆和（或）相邻结构，围栏顶部应防止使用者坐、卧或站立。
>
> 5.4.4.6 围栏任何格栏不应使测试棒 C 通过。

GB/T 34272—2017 规定，围栏的出入口最大宽度不应超过 500mm；如有护栏横过出入口，围栏的出入口宽度应大于500mm，小于或等于1200mm（参见图4.4）。

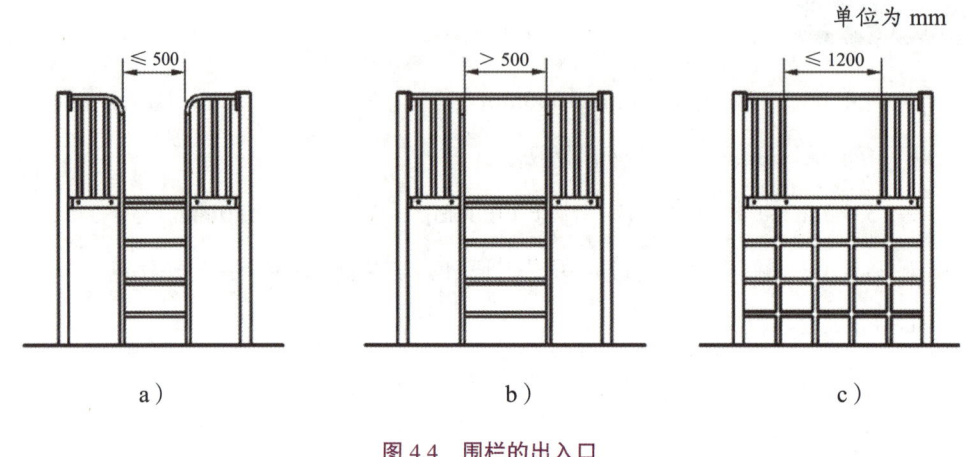

图 4.4 围栏的出入口

《配备规范》的6.1.2指出，幼儿园户外中小型玩教具的安全性要求应符合GB 6675的规定。

GB 6675是由国家质量监督检验检疫总局和国家标准化管理委员会联合发布的国家玩具安全标准，规定了玩具的机械和物理性能、易燃性能、化学性能、电气性能、卫生要求、辐射性能和标识要求等基本安全要求。

GB 6675标准"设计用于或预定用于14岁以下儿童玩耍的所有产品或材料"。也就是说，该标准不仅适用于专门为14岁以下儿童设计生产的玩具，也适用于虽然不是专门设计生产的但准备提供给14岁以下儿童玩耍的所有游戏材料。幼儿园自制的、提供给幼儿游戏之用的设施设备和游戏材料，也必须符合国家玩具安全标准。

5. 安全警戒标志规范

《配备规范》的6.1.3指出，幼儿园应在危险的地方张贴醒目的安全警戒标志。

（1）大型器械游戏区

大型器械游戏区设备的安全标志应符合GB 19272—2011中7.1的规定。

7.1 标志及使用说明书

应符合 GB 5296.1 和 GB 5296.7 中的相关规定。

7.1.1 产品标志

产品标志应包含下列内容：

a）中文标明的制造商或供应商的名称（全称）及其完整的地址；

b）中文标明的产品名称；

c）产品型号或标记、列出年、月的安装日期和安全使用寿命；

注：器材的安装日期应在器材安装时标识。

d）服务（或监督）电话；

e）必要的警示标志或简明的警示说明；

f）相关的运动锻炼功能及简明的锻炼方法应以图形明示或加以简明的文字说明；

g）所执行产品标准的编号；

h）器材允许的最大使用者重量、设计的最大训练载荷；

i）对使用人数有限制的产品，应标注同时使用人数的上限。

7.1.2 对标志的基本要求

产品标志应符合下列要求：

a）产品标志牌应采用不锈钢材质或相应性能的材料，可靠地固定在产品实体上的明显位置，标志牌上的文字和数字应采用凹凸形式标示；

b）各类标志文字、图案，应醒目清晰、易于识别，应有与安全使用寿命相匹配的牢固性和耐久性；

c）各有关标志，应符合相关的国家标准、行业标准或相关的法律、法规。

7.1.3 产品使用说明

产品使用说明应符合下列要求：

a）应包含产品名称、产品编号或型号、商标或公司标志、企业名称及详细通讯地址、服务或监督电话、邮政编码等；

b）应有正确完整的安装示意图、安装要求、跌落空间、碰撞区域及注意事项等；

c）应有详细的警示说明、相关的运动锻炼功能及锻炼方法、安全使用寿命、维护与保养的方法；

d）应提供器材各部分维护和保养的内容，该内容应包括：

1）应经常检查易损构件；

2）有缺陷的零部件应及时更换或将该器材采取禁用措施直到修复。

e）其他应符合 GB 5296.1 及 GB 5296.7 中的相关要求。

（2）户外中小型玩教具

幼儿园户外中小型玩教具的安全标志应符合 GB 6675.1—2014 中 5.7 关于玩具安全标识的规定。

5.7 玩具标识

5.7.1 玩具使用说明

玩具的适用年龄标识应符合 GB/T 28022。

玩具使用说明应符合 GB 5296.1 和 GB 5296.5 强制性条款要求。

5.7.2 玩具警告标识

玩具警告标识应包括：

a）为确保玩具使用安全，如需要，应提醒使用者或其监护人对于玩具使用中所涉及的内在危害和伤害风险，以及如何避免上述危害的风险。附录 A 中列出了部分类别玩具规定的警告语，应当使用其所给出的措辞。

b）警告语与玩具的预期使用目的相冲突的，不应在玩具上加贴一种或多种附录 A 所规定，并由其功能、尺寸和特性确定的特别警告语。

c) 制造商在玩具本体、标签、包装、有必要时在玩具随附的使用说明上的警示标志应当清晰可见、易于辨认和了解且明白无误。不带包装的小玩具也应当附有适当的警告。

d) 警告语应当以"警告""注意"开始。

e) 对玩具购买起决定作用的警告语，如标注使用者最小或最大年龄及附录 A 中规定的适用警告语，应出现在消费包装上，或令消费者在购买前能够清楚地看到，且包括网上购物的情形。

f) 电玩具应有电气安全的标识和使用说明，以提醒监护人和使用者合理地使用玩具，避免发生危险。

6. 发展适宜性标准

（1）符合发展目标

《配备规范》的6.1.4指出："户外游戏玩教具的操作难易程度，应与《3—6岁儿童学习与发展指南》健康章节中要求的目标相适应。"

《3—6岁儿童学习与发展指南》健康章节中关于幼儿动作发展的目标如下（参见表4.2—表4.4）。

表4.2 目标1：具有一定的平衡能力，动作协调、灵敏

3—4岁	4—5岁	5—6岁
1. 能沿地面直线或在较窄的低矮物体上走一段距离。 2. 能双脚灵活交替上下楼梯。 3. 能身体平稳地双脚连续向前跳。 4. 分散跑时能躲避他人的碰撞。 5. 能双手向上抛球。	1. 能在较窄的低矮物体上平稳地走一段距离。 2. 能以匍匐、膝盖悬空等多种方式钻爬。 3. 能助跑跨跳过一定距离，或助跑跨跳过一定高度的物体。 4. 能与他人玩追逐、躲闪跑的游戏。 5. 能连续自抛自接球。	1. 能在斜坡、荡桥和有一定间隔的物体上较平稳地行走。 2. 能以手脚并用的方式安全地爬攀登架、网等。 3. 能连续跳绳。 4. 能躲避他人滚过来的球或扔过来的沙包。 5. 能连续拍球。

表 4.3　目标 2：具有一定的力量和耐力

3—4 岁	4—5 岁	5—6 岁
1. 能双手抓杠悬空吊起 10s 左右。 2. 能单手将沙包向前投掷 2m 左右。 3. 能单脚连续向前跳 2m 左右。 4. 能快跑 15m 左右。 5. 能行走 1km 左右（途中可适当停歇）。	1. 能双手抓杠悬空吊起 15s 左右。 2. 能单手将沙包向前投掷 4m 左右。 3. 能单脚连续向前跳 5m 左右。 4. 能快跑 20m 左右。 5. 能连续行走 1.5km 左右（途中可适当停歇）。	1. 能双手抓杠悬空吊起 20s 左右。 2. 能单手将沙包向前投掷 5m 左右。 3. 能单脚连续向前跳 8m 左右。 4. 能快跑 25m 左右。 5. 能连续行走 1.5km 以上（途中可适当停歇）。

表 4.4　目标 3：手的动作灵活协调

3—4 岁	4—5 岁	5—6 岁
1. 能用笔涂涂画画。 2. 能熟练地用勺子吃饭。 3. 能用剪刀沿直线剪，边线基本吻合。	1. 能沿边线较直地画出简单图形，或能边线基本对齐地折纸。 2. 会用筷子吃饭。 3. 能沿轮廓线剪出由直线构成的简单图形，边线吻合。	1. 能根据需要画出图形，线条基本平滑。 2. 能熟练使用筷子。 3. 能沿轮廓线剪出由曲线构成的简单图形，边线吻合且平滑。 4. 能使用简单的劳动工具或用具。

（2）符合幼儿年龄特点

《配备规范》的 6.1.5 指出："供幼儿使用的玩教具应与产品说明书所示的年龄范围相符。对特殊幼儿所需要的不符合年龄范围的玩教具，应在教师监护下使用。"

（二）配置要求

《配备规范》以表格形式对幼儿园户外玩教具提出了配备的质量标准和数量要求，包括户外大型器械游戏区、综合活动区、骑行区、沙水区、种植养殖区、涂鸦区等户外游戏区域。其他器材配备也应符合表格中的规定。

《配备规范》关于幼儿园户外玩教具配备的数量要求适用于6班制的幼儿园。[①]6个班以上的幼儿园可根据场地条件和活动需要酌情增加玩教具数量,鉴于玩教具损耗损坏等因素,配备数量可适当富余,低值易耗品可适当提高配备数量并及时补充。

表中"配备要求"栏目包括"必配"和"选配"两类要求。"必配"栏目规定了幼儿园完成教育部颁布的《3—6岁儿童学习与发展指南》《幼儿园教育指导纲要(试行)》所规定的户外游戏应具备的玩教具,幼儿园均应达到该栏目的配备要求。"选配"栏目可以为幼儿园、教师提供更多的选择方案和发展空间。有条件的幼儿园在达到"必配"的基础上,选择配备"选配"的玩教具,以满足幼儿活动的多样化和特色化需要。

接下来,我们将结合表格内容,分别说明户外大型器械游戏区、综合活动区、骑行区、沙水区、种植养殖区、涂鸦区等区域玩教具配备的质量标准和数量要求。

---

① 依据《幼儿园工作规程》,幼儿园每班幼儿人数一般为:小班(3周岁至4周岁)25人,中班(4周岁至5周岁)30人,大班(5周岁至6周岁)35人,混合班30人。寄宿制幼儿园每班幼儿人数酌减。

五、大型器械游戏区场地玩教具配备要求

《配备规范》的表1规定了大型器械游戏区玩教具配备的质量标准和数量要求。

（一）滑行类

《配备规范》"滑行类"中包括滑梯和滑索两种器械。

1. 滑梯

滑梯是幼儿园常见的大型器械，也是深受幼儿喜爱的玩具。玩滑梯有利于锻炼幼儿的勇气、体力、空间感知、平衡协调能力和认知能力。6个班的幼儿园应配备2架滑梯，其中一架滑梯应适合小班幼儿游戏。

滑梯必须符合国家和行业相关安全标准与要求。《配备规范》的表1在"滑行类"—"滑梯"的"性能要求"一栏介绍了滑梯的安全标准，包括滑梯的定义、组成部件以及基本参数（不同年龄班滑梯高度、宽度）、技术要求（滑行段夹角、护栏高度等）。

（1）安全性

幼儿园配备的滑梯必须满足关于滑梯的国家和行业安全标准要求，确保滑梯的安全性。滑梯应符合《室外健身器材的安全 通用要求》（GB 19272—2011）和《无动力类游乐设施 儿童滑梯》（GB/T 27689）的相关要求。GB/T 27689详细规定了滑梯的通道、滑道、站台、扶手、围栏等不同部件的相关参数以及安全要求等。

幼儿园滑梯不宜过高。各年龄班滑梯的高度规范是：小班使用滑梯高度≤1200mm，滑道宽度范围应为300mm~700mm；中班、大班使用滑梯高度≤2000mm，滑道宽度范围应为400mm~700mm。滑梯下方及四周应根据站立平台高度设范围适宜的碰撞跌落区域，并用软性材料铺设着陆缓冲层。

滑梯由通道、站台、滑道等功能部件及其支撑、保护、连接部件组成，安全保护部件应包括扶手、护栏、围栏等。

滑梯平台应安装护栏，护栏高度应不小于600mm，且应不大于850mm（从平台、阶梯或斜坡的表面开始测）。

滑道由滑下段、缓冲段和滑出段构成。缓冲段和滑出段的设置，可以减缓幼儿从高处向下快速滑行的冲力，避免对幼儿腰椎和尾骨造成伤害。滑行段任何部位在滑行方向和水平面的夹角的最大值应不大于60°，夹角的平均值应不大于40°（参见图5.1）。

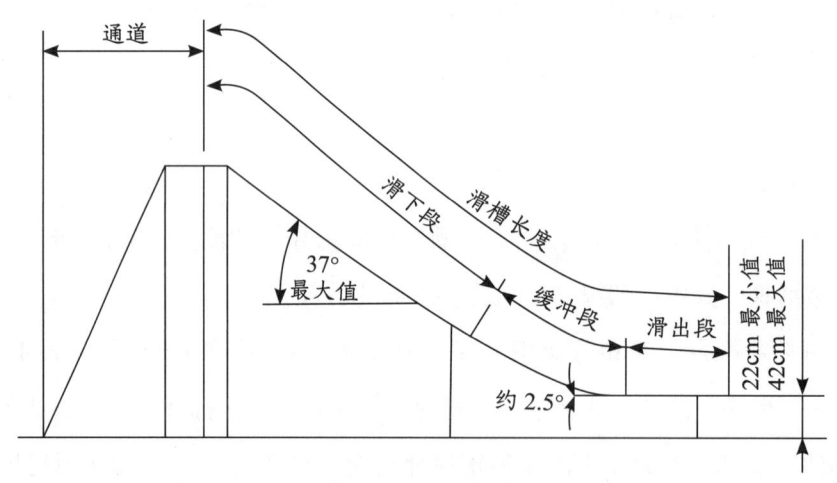

图5.1 滑道规范

滑道宜为开放式，不应使用全封闭不透明管道，使用全封闭透明管道时，长度要适宜，通道和弯道高度及连接处要确保安全，适宜幼儿滑行；直筒滑梯不可视段应不超过1200mm，螺旋滑梯不可视段应不超过1500mm。

《配备规范》的6.1.7指出，不宜配备以不锈钢作为主要材质的玩教具。滑梯滑道部分不宜使用不锈钢或玻璃钢。在夏日阳光的暴晒下，滑梯表面温度容易因过高而导致幼儿烫伤。

（2）**游戏性**

为增加滑梯的多功能性和游戏性，在配备时宜选用组合滑梯，即由平面开口型、管筒型、管道型等两种及以上不同形状的滑道组成的或直线型、曲线型、螺旋型等两种及以上不同滑行轨迹组成的滑梯。组合滑梯能够为幼儿提供更为丰富的运动体验，满足不同年龄段幼儿的兴趣与发展需求。滑梯也可与其他配套设施组合使用（如爬梯、扣梯、爬网梯、钻洞管筒、云梯、吊环、吊桩等）。

组合滑梯

滑梯还可以直接安装在缓坡上，不仅成为幼儿上、下缓坡的一种方式，增加了游戏性，也减少了幼儿跌落的可能，更为安全。

安全的填土式滑梯

> **拓展游戏**
>
> ①配合其他材料创新玩法，如在滑梯的顶部拴上绳子，鼓励幼儿从滑梯底部双手拽紧绳索到达顶部，发展上肢力量。
>
> ②敏锐捕捉幼儿日常玩滑梯中的教育契机，渗透不同领域的核心经验，如抓住"幼儿从滑梯上滑下来后头发立起来了"这一契机，鼓励幼儿探索了解"摩擦起电"。

（3）使用安全

教师可尝试借助图片、故事、儿歌或通过谈话、情景模拟等方式，帮助幼儿掌握滑梯的正确玩法与自我保护方法，树立安全意识。

在幼儿玩滑梯时，教师要注意站位，多关注滑道的起始段、出口段，在幼儿出现不安全的动作时及时提醒与做好保护。

①在滑梯每条滑道上面，每次应只允许一个幼儿滑下。

②在每条滑道的出口，不能站立其他幼儿。

③幼儿滑下时，不应头朝下。

④滑道出口应设禁止逆行标志。

（4）安装维护

①滑梯宜安装在空旷地段，周围（尤其是滑道的出口段）严禁堆放杂物。

②幼儿园可将滑梯与园所的地形条件结合起来，如将滑梯建造在自然或人造的斜坡上。

③严格按照国家标准设置防碰撞区域，根据当地气候特点、园所实际铺设适宜的、符合相应厚度要求的地面防护材料，并做好日常维护以保持缓冲性能。

④大型固定器械游戏区应有专人负责器械的使用、清洗、维护和管理，定期检查滑梯的使用状况，及时排除安全隐患，做好维修登记。

⑤在幼儿每次进入大型固定器械游戏区前，应检查滑梯的状况，保证幼儿活动的安全。

2. 滑索

滑索（悬垂类滑道）是一个充满刺激性与挑战性的户外大型游戏器械，快速滑翔能够带给幼儿新奇的体验与乐趣。玩滑索有利于锻炼幼儿全身协调性、平衡性及上肢力量，同时锻炼幼儿敢于接受挑战、勇于探索的精神。在场地条件允许的情况下，6个班的幼儿园可以配备1架滑索。

（1）安全性

《配备规范》的表1在"滑行类"—"滑索"的"性能要求"一栏介绍了滑索的组成部件及相关安全标准。

滑索由站台、滑行部件、支撑部件及连接部件组成。滑索吊盘负载后距离地面最小距离应不小于230mm；滑行段范围内单侧1500mm范围内无任何障碍物；滑索的落差角度不大于3°；滑索如使用钢丝绳，钢丝绳直径应大于12mm；滑索应具有终端停止缓冲装置，停止缓冲装置应保证使用者逐渐减速直到停止。

GB 19272—2011《室外健身器材的安全　通用要求》规定空中悬垂类滑道应满足以下要求：在不加载的情况下，坐姿滑道跌落高度应不大于2000mm，悬挂式滑道跌落高度应不大于1500mm（参见图5.2）。

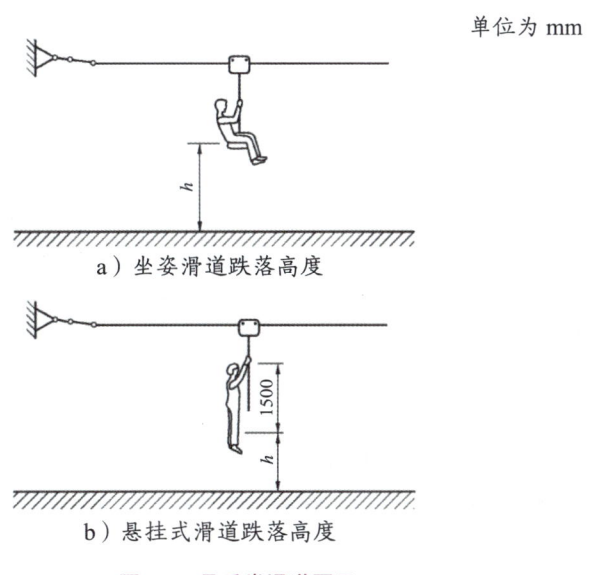

图 5.2　悬垂类滑道图示

（2）游戏性

幼儿园可根据自己的需求选择符合以上安全标准的不同类型的滑索，在有条件配备两个及以上的情况下，建议选择材质、结构、挑战难度不同的滑索，这样既能带给幼儿更多的探索与体验，也能满足不同发展水平幼儿的游戏需要。

（3）使用安全

教师应教导幼儿使用滑索的方法：不应站在吊盘上进行滑行；滑行时双手应紧握吊绳。

幼儿应在教师看护下使用滑索。教师可尝试与幼儿一同规划等待区、出发区，保证站台和起点处都有充足的活动空间，还可以绘制游戏规则海报或安全标识牌，提醒大家安全游戏。

对于挑战成功的幼儿，教师要及时给予积极具体的肯定；对于不敢挑战的幼儿，教师要给予充分的时间与耐心，逐步引导。

（4）安装维护

幼儿园可以充分挖掘园所的现有资源，有效利用大树、沙坑、河道等自然条件，添置具有趣味性的滑索区域。

安排专人负责做好滑索的日常安全检查并及时记录。

户外空中滑索案例——"疯狂"的滑索

设计思考

我园利用操场的遮阳网立柱，由两端钢结构支架固定，吊具（包括滑车和吊带、滑轮）、缓冲装置组合而成幼儿喜欢的滑索。幼儿双手悬挂绳索或坐在底座上，以斜拉的钢丝绳为轨道，利用重力，从高处向低处飞速滑下，充满乐趣和挑战。在徒手抓握扶杆或绳索时，幼儿可以加强抓握力和上肢力量；在滑行过程中，幼儿的空间感和平衡感能够得到增强，并获得一定的视觉和感统刺激；当到达终点顺利落地时，幼儿沉浸在被弹簧弹回来的愉悦和成就感中。在体验滑索游戏带来的乐趣和刺激的同时，幼儿还可尝试两人玩、多人玩，其主动探索和社会交往能力也逐步提升。

教育建议

（1）在游戏过程中，教师可以逐步增加难度，投放高度、大小不一的箱子、水桶、沙包、球类等低结构材料，鼓励幼儿进行游戏创新。如，在滑索终点处放置较轻的障碍物，幼儿通过撞击障碍物而衍生"花式保龄球"的游戏。

（2）在终点处遮阳网立柱的外围进行软包，避免幼儿快速滑行后冲撞立柱，实现缓冲作用，保障幼儿在游戏中的安全。

（本案例由北京市大兴区庞各庄第二幼儿园提供）

（二）摆动类

《配备规范》的表1在"摆动类"中列出了秋千这种器械。

秋千是一种非常经典的游乐器械。荡秋千时幼儿的身体在空中往复摆动，趣味十足。荡秋千有利于刺激幼儿前庭器官的发育，促进感觉统合能力和平衡能力的发展；帮助幼儿克服紧张心理和恐惧情绪，增强心理承受力和自我控制能力。6个班的幼儿园可以配备1~2架秋千。

1. 安全性

《配备规范》在"摆动类"中规定了秋千的基本结构、高度、尺寸标准以及

独立设置的安全的秋千区域

在悬挂连接、材料、区域设置等方面的要求。秋千应符合 GB/T 28711《无动力游乐设施 秋千》的安全规范。

秋千由秋千架、秋千绳（或链条）、秋千座椅和隔离装置组成。秋千区宜独立设置，周围应有围栏与其他区域隔离；不宜将秋千组合在大型游戏器械中。并排放置的秋千座位以 2 个为宜，2 个座椅之间距离不得小于 500mm。秋千座椅下方及前后延伸的软性铺面（碰撞跌落区域）应为秋千支架高度的 2 倍。为了降低秋千运动时主链条或绳索意外断裂产生的危险，应在秋千主链条外设置安全链条或绳索（二次保护装置）。

2—5 岁幼儿宜使用座椅式秋千，大班幼儿可以使用一片式秋千。秋千的座位尽量由橡胶、帆布等柔韧的材料制成。如果使用轮胎，可以在轮胎上打孔，防止积水和蚊子繁衍。

小班使用秋千座椅与地面间隙高度应不小于 400mm，跌落高度不超过 1000mm；中班、大班使用秋千座椅与地面间隙高度应不小于 400mm，跌落高度不超过 1500mm。秋千链条的孔洞必须小于 8mm，以免卡伤幼儿手指，可用塑胶管包住链条。与使用者直接接触或间接接触的材料应无毒无害。

一片式秋千

轮胎秋千

2. 使用安全

秋千是一种容易致幼儿受伤的器械。在游戏过程中，教师要保证自己的站位能够观察到幼儿荡秋千的情况，做好安全提醒与保护。荡秋千的时候，应注意以下问题。

①在幼儿荡秋千前，教师要检查并清空附近区域的危险物、障碍物。

②幼儿应知道荡秋千的注意事项，增强自我保护意识：在荡秋千时两手握紧秋千绳；不应站着或者跪着；不要把秋千荡得太高；荡完后，要等秋千完全停止后再下来。

③不要让两个或多个幼儿挤在一个座椅上。

④在旁边等候的幼儿要和秋千保持一段安全的距离，不要站在秋千摆动方向的正前或正后方。

⑤成年人不应使用儿童秋千。

3. 安装维护

①应严格按照安全标准设置防碰撞区域，避免防碰撞区域内有墙面、井盖等障碍物。防碰撞区域内的地面应做软化处理，在幼儿跳落时加以缓冲保护。

②定期对绳索进行检修，防止意外发生。

（三）颠簸摇动类

《配备规范》的表1在"颠簸摇动类"中列出了跷跷板和摇马两种玩具。

1. 跷跷板

跷跷板是幼儿喜欢的一种颠簸摇动类游戏器械，有助于幼儿发展平衡能力，提高动作的灵活性和协调性。幼儿在游戏情境中，能够体验和尝试比较物体的轻重，培养合作意识。6个班的幼儿园可以配备2架跷跷板。

跷跷板应符合GB/T 34021《小型游乐设施 摇马和跷跷板》的安全规范。《配备规范》的表1列出了跷跷板的安全规范。

(1) 安全性

幼儿园配备的跷跷板应注意以下安全规范问题。

①应使用弹簧或其他减震装置。

②当跷跷板处于最低位置处,其底部距地面间隙应大于230mm,不应安装脚蹬。

③每个座位应有扶手,扶手应连接牢固,且不使用工具不能拆卸。

④轴向跷跷板最大跌落高度为1500mm,单点固定跷跷板最大跌落高度为1000mm。

⑤小班幼儿不宜使用支点跷跷板。

(2) 游戏性

幼儿园配备的跷跷板宜有幼儿喜爱的造型。

不同造型的跷跷板

拓展游戏

①在幼儿之前探索比较轻重的基础上,引入绘本《谁和我玩跷跷板》,请幼儿调动已有经验,将不同的小动物按照从重到轻或从轻到重排序。

②可以借助不对称跷跷板,引导幼儿进一步感知力的平衡,了解不同重量的人可以通过调整到中心轴的距离来保持平衡。

（3）使用安全

①两侧幼儿应面对面坐在跷跷板上。

②让幼儿用两手紧紧握住把手，不要试图触摸地面或者两手悬空，脚不要蜷缩在跷跷板的下方。

③成年人不应使用儿童跷跷板。

在幼儿游戏前，教师可借助谈话或儿歌等方式，帮助幼儿掌握玩跷跷板的安全要点。例如儿歌："跷跷板，真有趣；你看我，我看你；双手紧握小把手；双脚左右不晃动；一会儿高，一会儿低；一起游戏真开心。"

（4）安装维护

①安装应符合相关安全规范。

②定期检修，防止意外发生。

2. 摇马

摇马是一人即可玩的、通过中心支撑的刚性部件、摇晃产生运动的游乐设施，也是幼儿喜欢的一种颠簸摇动类游戏器械，有助于增强幼儿身体的活动能力和手、眼、腿的协调能力。6个班的幼儿园可以配备2架摇马。

摇马应符合GB/T 34021《小型游乐设施　摇马和跷跷板》的安全规范。《配备规范》的表1也列出了摇马的安全规范。

（1）安全性

摇马按结构型式可以分为单点固定摇马、多点固定摇马、摇摆型摇马。

幼儿园配备摇马，应注意以下安全规范问题。

①应使用弹簧或其他减震装置。

②当在极端位置测量时，摇马座位中心的最大跌落高度应不大于1000mm。

③摇马座位的最大倾角应不大于30°。

④每个座位应有扶手，扶手应是固定连接，不使用工具不能拆卸。

⑤摇摆型摇马直线运动轨迹应不大于600mm。

（2）游戏性

摇马宜有幼儿喜爱的造型。

不同造型的摇马

> **拓展游戏**
>
> 　　创设情境，丰富游戏内容，引导幼儿运用已有生活经验解决问题。比如，许多小朋友排队都想玩摇马，可是前面的小朋友迟迟不肯下来。可以考虑创设"超市游乐场"情境，设置一个投币箱，一元两分钟，投币轮流玩，以此延伸拓展幼儿数学、社会领域经验。

（3）使用安全

教导幼儿游戏时用两手紧紧握住把手，不要试图触摸地面或者两手悬空，脚不要蜷缩在摇马的下方。

（4）安装维护

①安装应符合相关安全规范。

②定期检修，防止意外发生。

（四）旋转类

《配备规范》的表1在"旋转类"中列出了旋转转盘这种玩具。

旋转转盘是一种幼儿非常喜爱的旋转类游乐设施，其造型十分多样。旋转转盘主要能够锻炼幼儿的身体平衡能力。幼儿在玩旋转转盘游戏时，能够调动全身肌肉力量保持平衡，体验旋转带来的奇妙感觉。6个班的幼儿园可以配备2架旋转转盘。

1. 安全性

《配备规范》的表1在"旋转类"中提出了旋转转盘的组成部件、旋转轴倾斜度以及旋转速度的相关要求。

①旋转转盘由旋转轴、旋转平台及防护部件组成。

②旋转转盘的旋转轴与垂直面倾斜角度应不大于5°。

③旋转转盘应为无动力驱动，边缘线速度应不大于2m/s，宜设置防止超速运转的阻尼装置。

2. 游戏性

美观生动的造型可以激发幼儿游戏的兴趣和想象。

造型独特的旋转转盘

3. 使用安全

旋转转盘为无动力驱动装置，即需要借助人力使转盘旋转起来。这就要求推动旋转转盘的教师或幼儿控制好转盘转速，不宜太快，同时注意自身与转盘之间的距离，保护好自己。

教师应教导幼儿游戏的方法：游戏时应坐稳扶好，不要上下摇晃；使用转盘时，其他人应与旋转转盘保持安全距离。

教师与幼儿可以将注意事项画下来，将图画粘贴在旋转转盘区域显著的位置，以提示幼儿安全游戏。

4. 安装维护

①安装应符合相关安全规范。

②定期检修，防止意外发生。

（五）攀登类

4—5岁幼儿能以匍匐、膝盖悬空等多种方式钻爬。《配备规范》的表1在"攀登类"中列出了爬网、攀爬绳、攀岩墙和攀登架四种器械。

1. 爬网

爬网是由绳索和链等柔性材料组成的几何形状、以供幼儿攀爬的游乐设施。爬网游戏可以增强幼儿的上下肢力量，促进幼儿身体的协调性，使他们的身体动作更灵活，反应更敏捷。爬网游戏可以培养幼儿的空间感，磨炼幼儿的意志。6个班的幼儿园可以配备1架爬网。

爬网应满足GB/T 34022《小型游乐设施 立体攀网》的安全要求。《配备规范》的表1规定了爬网应符合的相关安全标准（包括高度、结构型式、网孔孔内直径、承载性能及安全防护等）。

（1）安全性

①爬网总高度应不高于2200mm。

②爬网结构宜水平式、竖直式、金字塔式或单柱式。

③每一个网孔孔内直径均应＜130mm。

④爬网承受主要载荷的主牵索、连接钩环、连接接头的抗拉力应不小于14kN，爬网承受载荷的绳索抗断力应不小于20kN。

⑤爬网的各片网安装固定后，网面与地面未能构成完全封闭空间，且设施高度≥900mm时，爬网的底部及侧面应设置细格防护网，且防护网网孔的孔内直径应＜6mm。当设施高度＜900mm时，无须安装防护网。

（2）游戏性

爬网可以独立设置，也可以组合在其他器械中，增加游戏器械的挑战性和趣味性。

在幼儿开始接触攀爬设施时，教师可以带领幼儿在垫子上玩游戏"小动物爬呀爬"，模仿小老虎、小乌龟、小螃蟹等小动物手脚爬、手膝爬、横着爬……积累攀爬经验。

爬网

（3）使用安全

①在幼儿游戏之前，教师应帮助幼儿了解游戏的基本规则。

②在游戏中应让幼儿保持一定的距离。

③多个幼儿游戏时，应让幼儿按同一方向移动。

（4）安装维护

①安装应符合相关安全规范。

②定期检修，防止意外发生。

爬网游戏设施案例—— 一起玩爬网

设计思考

在草坪之上，借助楼体墙面，我园使用木材和网状材料搭建立体攀爬活动区，为幼儿提供一个既安全又有趣的攀爬和探险空间。在攀爬活动区内，我们合理利用空间，大面积安装了不同类型的爬网——既有低矮的斜坡式爬网，又有高耸的垂直立体式爬网，满足不同年龄、身高、力量

的幼儿的攀爬需求。在玩爬网的过程中，幼儿借助手臂力量，牢牢抓握爬网，同时调动下肢力量，双脚踩住爬网，使身体不断向上，并进行爬、转身、攀登等一系列动作，锻炼力量、耐力、柔韧性等，提高空间方位感、运动思维和勇于挑战的学习品质，激发玩爬网的热情。同时，该设施的高度、角度和间隙都经过精心设计，确保孩子们在探索和游玩的同时得到安全保障。除此之外，该区域还有攀岩墙、绳网、滑梯等其他游戏设施，兼具全面性和多功能性，能够满足不同孩子的兴趣和需求，增加该区域游戏的趣味性和挑战性。

教育建议

（1）在攀爬活动开始之前，教师需在草坪上放置地垫，以确保幼儿在攀爬过程中的安全。

（2）在爬网的上方悬挂铃铛、响鼓等乐器，让幼儿攀顶后进行互动，创设丰富有趣的游戏环境，提高幼儿游戏的兴趣和热情，激发幼儿敢于挑战的愿望。

（3）将地垫、绳子等物品与该设施组合使用，不仅增加游戏的趣味性和挑战性，还锻炼幼儿的多项运动能力，促进幼儿身体技能的发展。例如：将地垫放置在网格面上，幼儿攀爬到一定高度后，可沿着地垫往下滑行；将绳子缠绕在绳索上，幼儿可手握绳子，平躺在地垫上，进行背推爬锻炼。

（本案例由成都市第十一幼儿园提供）

2. 攀爬绳

攀爬绳也是幼儿园常见攀爬设施的重要组成部分。同样是攀爬，但攀爬绳与爬网所需的攀爬动作不同。《配备规范》的表1中规定了攀爬绳应符合的相关安全标准，包括长度、间距、材质、架构等。

（1）**安全性**

①绳索长度不大于2000mm，直径应为25mm~45mm。

②绳索之间的距离应不小于900mm。

③绳索应柔软并易于握持。

④绳索上端固定牢靠，下端宜有底盘，中间宜固定多个供幼儿攀爬的小圆盘。

⑤攀爬绳不应设置在秋千架内。

（2）游戏性

攀爬绳可以组合在其他器械中，增强攀爬的趣味性和挑战性。

（3）使用安全

在幼儿游戏之前，教师应帮助幼儿了解游戏的安全规则和方法。

（4）安装维护

①安装应符合相关安全规范。

②定期检修，防止意外发生。

3. 攀岩墙

攀岩墙是幼儿园常见的游乐设施。《配备规范》的表1中规定了攀岩墙的相关安全标准。6个班的幼儿园可根据园所建筑特点依托墙面设置1个攀岩墙。

（1）安全性

①攀岩墙总高度应不高于2000mm。

②攀岩墙面与水平面夹角宜60°~90°。

③攀岩墙主要支撑材料可采用仿木材料、厚度不小于2mm的镀锌管、厚度不小于5mm的塑料型材。

④攀岩块材料应采用硬质塑料。

⑤相邻攀岩点（攀块）的间距应不大于300mm。

⑥攀岩块应采用螺栓螺母固定，且应采用防松螺母，采用突出物检验环检验应达到合格的要求。

⑦攀岩墙面应表面平整，无大于0.2mm的间隙。攀岩墙表面的棱、角均应做倒圆，倒圆半径不小于3mm。

⑧攀岩墙垂直投影向四周延伸2500mm范围内应铺设厚度不小于400mm的保护垫。

⑨墙面设置的每一攀岩块均应能承受 1.7kN±20N 的向下的拉力，且保持 1h 后，墙面及攀岩块无永久变形或损坏，攀岩块、连接件及墙面无松动或位移的现象。

（2）游戏性

设置一定的攀岩情境，有助于激发幼儿的兴趣和想象。

（3）使用安全

攀岩墙主要由岩点、岩壁构成。由于幼儿胳膊肌肉力量较弱，不宜让他们挑战过高的攀岩墙。

①小班幼儿不宜使用攀岩墙。

②幼儿应在教师看护、辅助下使用攀岩墙。

③活动前，教师应仔细检查活动场地及攀岩墙是否存在安全隐患。

④幼儿攀岩时应佩戴安全带。攀爬前，应检查幼儿安全带是否系好。

⑤当幼儿从攀岩墙上往下爬的时候，应提醒他们避开那些正往上爬的幼儿。

（4）安装维护

①安装应符合相关安全规范。

②定期检修，防止意外发生。

户外攀爬游戏案例——小勇士攀岩墙

设计思考

我园在沙地之上,借助楼体的一侧,设计了兼具游戏性和美观性的攀岩墙。攀岩墙以原木为基调,岩壁上布设了许多大小不一的岩石点、难度各异的坡面和线路,以满足不同年龄段幼儿的运动需求。同时,还配备了防冲坠保护器,确保幼儿在探索和冒险的同时能够得到安全保障。在攀岩过程中,幼儿借助腿部力量将身体的重心不断转移,充分协调四肢和力量,在不同角度的岩壁上选择最佳路线,并准确完成转身、引体、动态蹲跳等一系列动作,不仅锻炼了力量、技巧、柔韧、耐力等身体素质,还提高了运动思维能力和勇于挑战的学习品质。

教育建议

(1)在攀岩活动开始之前,教师需要帮助幼儿正确地穿戴好安全带、运动鞋以及安全帽等设备,以确保幼儿在攀岩过程中的安全。

(2)为了提高幼儿的兴趣和挑战性,可以在岩壁的不同高度点位,投放大小不一、发出不同声音的"拍拍铃",激发他们进一步挑战自我、超越自我的愿望。

(本案例由北京市大兴区庞各庄第二幼儿园提供)

4. 攀登架

攀登架是幼儿园常见的游乐设施。《配备规范》的表 1 规定了攀登架的相关安全标准。6 个班的幼儿园可配备 1 个攀登架。

(1)安全性

①攀登架总高度应不大于 2000mm。

②可采用横截面不小于 95mm×95mm 的实木(包括钢筋加固后的实木)或厚度不小于 2mm 的镀锌管用作主体支撑材料。每根实木中,直径≤8mm 的活树节,平均每米长度不得超出 1 处。

③相邻踩脚内部间距应≥230mm,且≤300mm。

④每一踩脚的中心位置应能承受 17kN 的压力,无松动、开裂或明显的永久变形现象出现。

（2）游戏性

攀登架可以独立设置，也可以根据不同的攀登方式组合比较复杂的攀登架。

教师可以采用情景游戏的方式，组织幼儿爬攀登架。

有条件的幼儿园，也可以让幼儿爬树。分枝较低、较多的树，适合幼儿攀爬。

情景攀登

适合幼儿攀爬的树

组合攀登架

（3）使用安全

①活动前，教师应仔细检查活动场地及攀登架是否存在安全隐患。

②当幼儿从攀登架上往下爬的时候，应提醒他们避开那些正往上爬的幼儿。

（4）安装维护

①安装应符合相关安全规范。

②定期检修，防止意外发生。

（六）平衡类

《配备规范》的表1在"平衡类"中列出了平衡木、荡桥、梅花桩三种器械。它们虽设计、玩法、游戏体验不同，但都主要培养幼儿的平衡能力，使幼儿动作协调、灵敏。《配备规范》规定了平衡木、荡桥、梅花桩的相关安全标准。

1. 平衡木

平衡木一般由实木制成。平衡木的两端为起点线和终点线，两端外各加一块平台；高度宜可调。平衡木应符合 GB/T 8397—2007《平衡木》中 3.2 普及型的规范要求。6 个班的幼儿园应当配备 2 台平衡木。

幼儿园平衡木标准尺寸（幼儿体质测试使用）为长 300cm、宽 10cm、高 30cm。

平衡木游戏

（1）安全性

①平衡木的支柱不应存在绊倒幼儿的风险。

②依据幼儿年龄配备不同规格的平衡木。供 1.5—5 岁儿童使用的平衡木表面距地面的高度应不大于 30cm，供 5—12 岁儿童使用的平衡木表面距地面的高度应不大于 40cm。

（2）游戏性

《3—6 岁儿童学习与发展指南》提出了不同年龄阶段的幼儿平衡能力的发展目标：3—4 岁，能沿地面直线或在较窄的低矮物体上走一段距离；4—5 岁，能在较窄的低矮物体上平稳地走一段距离；5—6 岁，能在斜坡、荡桥和有一定间隔的物体上较平稳地行走。

幼儿的动作发展是一个循序渐进的过程。教师可以引导小班幼儿通过跨坐木、踏上跳下熟悉平衡木，再慢慢尝试侧向走、正向错步走、正向交替走；中大班幼儿对走平衡木非常熟悉后，可以采取取物走、过障碍走等方式来游戏。

可以将大树树干加工成平衡木，设置在绿地中。

> **拓展游戏**
>
> 可以设置游戏情境，与其他平衡器械组合开展游戏。例如，教师可以引导幼儿开展"小马运粮"的游戏。请幼儿扮演小马将一侧的粮食（沙包）运回家，在运送过程中要通过平衡木、梅花桩等，看谁的粮食（沙包）不掉下来。

（3）**使用安全**

在幼儿游戏时，教师应注意做好安全提示与保护。

（4）**安装维护**

①安装应符合相关安全规范。

②定期检修，防止意外发生。

2. 荡桥

荡桥是幼儿非常喜欢的一种游戏器械。荡桥与平衡木的不同之处在于荡桥的木板由吊绳与扶手连接，幼儿行走时荡桥会随绳索摇摆而晃动。6个班的幼儿园应当配备1架荡桥。

（1）**安全性**

①荡桥设施总长度应不大于2800mm，宽度（扶手内侧宽度）应不大于900mm，高度应不大于（扶手上部距地）1000mm。

②桥板的间隙（处于静止状态）应不小于25mm，且不大于89mm。

③跌落高度应不大于600mm。

④同一荡桥上的桥板高度宜一致，高低误差宜小于5mm。桥板应选用实木（钢筋加强后实木）等防滑性较好的原材料。不应使用不锈钢等金属材料制作

五、大型器械游戏区场地玩教具配备要求 091

荡桥及组合器械

桥板。

⑤每一桥板的中心位置应能承受17kN的压力试验,试验后桥板及荡桥无松动、开裂或明显的永久变形现象出现。

（2）使用安全

①玩荡桥游戏时,教师应提醒幼儿不能大力摇晃荡桥。

②教师要提醒幼儿注意脚要踩在踏板上,避免踩到缝隙里造成夹伤。

（3）安装维护

①安装应符合相关安全规范。

②定期检修,防止意外发生。

3. 梅花桩

走梅花桩,是幼儿很喜欢的游戏。通过合理设计与安排,梅花桩可以成为幼儿园户外游戏场地的有机组成部分。6个班的幼儿园可配备1组梅花桩。

（1）安全性

①梅花桩直径不小于200mm,高度不大于250mm。

②用实木等材质制作的梅花桩,表面应进行防滑、防腐、防火、防蛀处理。

③梅花桩不应存在导致脚和腿挤夹的风险。

不同材质的梅花桩

（2）游戏性

可以设置一定的游戏情境，与其他平衡器械组合开展游戏。

（3）安装维护

①安装应符合相关安全规范。

②定期检修，防止意外发生。

平衡类玩具器械案例——惬意中的平衡

设计思考

我园充分利用园所边角狭长的空间和草地、树木营造自然环境，创设平衡区，让幼儿在轻松的氛围中感受"惬意中的平衡"，既丰富了感知，又增加了挑战。整个平衡区的器材使用木质材料与自然环境相呼应，使幼儿在视觉上有一种自由、自然的感觉，并在游戏中感受生态、亲近自然、探索自然。木桩、吊桥、独木桥看似是独立的设施，实则在小路的贯穿下连接层层挑战，从高高低低的木桩到晃动的吊桥，再到吊桥上的悬垂杠，不仅促进幼儿感知觉系统和运动系统的发展，也培养幼儿大胆、谨慎、坚持的意志品质。斜坡独木桥适合不同能力的幼儿，幼儿对自身的运动水平进行鉴别后，可以在斜坡独木桥上使用不同的通过方式。当幼儿疲劳或运动量过大时，他们还可以躲在大树底下惬意地荡着秋千，欣赏大自然的美。

教育建议

（1）在整个游戏过程中，教师可以抓住幼儿的兴趣点和问题，引导幼儿开展多领域的探究活动，如：引导幼儿关注树叶的变化、如何与他人合作寻求身体平衡等。

（2）幼儿在游戏区锻炼平衡力时，教师可进一步挖掘更多的可利用空间，丰富幼儿的游戏内容，如：将安吉游戏器材与平衡区玩具相结合，让幼儿构建平衡场地，自主搭建，探索练习。

（本案例由北京市大兴区庞各庄第二幼儿园提供）

（七）钻爬类

《3—6岁儿童学习与发展指南》提出了不同年龄阶段的幼儿钻爬能力的发展目标：3—4岁，能双脚灵活交替上下楼梯；4—5岁，能以匍匐、膝盖悬空等多种方式钻爬；5—6岁，能以手脚并用的方式安全地爬攀登架、网等。钻爬类器械主要锻炼幼儿身体的灵活性、柔韧性及手脚协调配合的能力。

《配备规范》的表1在"钻爬类"中列出了钻筒、钻网两种器械，并规定了钻筒、钻网的相关安全标准，包括：钻筒的内径、长度；钻网的长度、直径、跌落高度等。

钻爬类器械的钻爬管道一般以绳网、塑料、木质材质居多。钻筒、钻网可以独立设置，也可以与大型多功能组合游戏活动器械组合，作为连接通道。

固定的木制钻筒

可移动的塑料钻筒

与其他器械组合的网绳钻筒

1. 安全性

（1）钻筒

①钻筒内径应能满足成人钻入。

②固定式钻筒长度超过 2000mm 应设置观察孔。

③当钻筒内径为 350mm~410mm 时，其长度应不大于 700mm；当钻筒内径为 420mm~500mm 时，其长度应不大于 1000mm；当钻筒内径为 510mm~650mm 时，其长度应不大于 1300mm；当钻筒内径为 660mm~750mm 时，其长度应不大于 2600mm。

④钻筒宜与其他运动器械组合使用。

⑤钻筒不能作为滑梯使用。

（2）钻网

①钻网总长应不大于 2000mm，直径应不小于 650mm。

②钻网跌落高度应不大于 1500mm。

③网格的实际孔内直径应不小于 130mm。

④钻网宜与其他运动器械组合使用。

2. 使用安全

①应尽量选择可透视或有可视天窗的钻爬器械，方便教师观察幼儿的游戏情况。

②日常游戏中教师要留意观察管道出入口与中间段的幼儿停留情况,避免众多幼儿挤在同一空间内。

3. 安装维护

①安装应符合相关安全规范。

②定期检修,防止意外发生。

(八)悬垂类

《3—6岁儿童学习与发展指南》提出了不同年龄阶段的幼儿悬垂能力的发展目标:3—4岁,能双手抓杠悬空吊起10s左右;4—5岁,能双手抓杠悬空吊起15s左右;5—6岁,能双手抓杠悬空吊起20s左右。悬垂类器械主要锻炼幼儿的力量和耐力,增强其上肢力量。

《配备规范》的表1在"悬垂类"中列出了云梯、单杠、吊环三种器械。它们虽然看起来结构简单,但玩起来十分有挑战性。《配备规范》中规定了云梯、单杠、吊环的相关安全标准。

云梯

吊环

单杠

1. 安全性

（1）云梯

①云梯分单管云梯和双管云梯，云梯的吊挂或横档之间的距离应不小于230mm。

②云梯握手的直径应为25mm~32mm，握手处离地面的高度应不大于1500mm，高度宜可调。

③云梯上用于抓握的横档应不能旋转或扭转。

（2）单杠

①单杠握手的直径应为25mm~32mm，握手处离地面的高度应不大于1500mm，高度宜可调。

②横杠不允许有裂痕、夹渣、重皮等缺陷。

③用于抓握的横档应不能旋转或扭转。

④在使用中应稳定可靠。

⑤横杠中心作用静载荷力1800N，取消外力，永久变形≤1mm。

（3）吊环

承受1500N的静载荷力，去除外力后环带应不损坏。

2. 游戏性

通过体育游戏，教师可以注意培养幼儿敢于挑战、不怕困难等品质。

3. 使用安全

悬垂类设施下方应铺设面积、材料与厚度适宜的防碰撞区域，防止幼儿因意外跌落造成伤害。

4. 安装维护

（1）安装应符合相关安全规范。
（2）定期检修，防止意外发生。

单杠玩具器械案例——杠上开花

设计思考

单杠是幼儿非常喜欢的运动器械，幼儿可以感受自己上肢的力量，享受悬空与失重带来的乐趣。在幼儿园游戏器械中，锻炼幼儿上肢力量的器械相对较少，因此我园选用两种不同类型的幼儿单杠——高杠与矮杠，并配置了大小、厚度适宜的垫子，对幼儿进行保护，满足幼儿的兴趣以及运动发展的需要。

高杠一般用于游戏初期，幼儿能够利用高杠，双手抓杠悬空吊起数秒。矮杠一般用于游戏后期，幼儿在有一定的高杠游戏经验后，可以尝试进行单杠上翻。幼儿在自由自主的氛围中，不仅能够锻炼上肢力量、抓握力、核心力量与协调能力，还能够在游戏中锻炼勇气，培养坚忍的优秀品质。

教育建议

（1）单杠游戏需要循序渐进，幼儿可以用双手抓握的姿势握杠，自然下蹲垂悬身体，感受上肢力量，然后尝试卷腹，双脚拍击地面或互相拍击，进一步增加臂力与平衡，再尝试屈臂并将双腿双脚尽量伸向空中。

（2）幼儿可通过多种方式进行单杠游戏，如摞在杠上，用脚进行"剪刀石头布"的游戏，锻炼臂力和坚持性。

（3）教师需要在幼儿身旁进行保护，为了让幼儿下杠时不磕到自己的胸部、下巴等部位，要引导幼儿在下杠时双手撑杠，尽量在距离单杠远的地方下杠。

（本案例由北京市西城区三教寺幼儿园提供）

户外拼搭类玩具案例——云梯巧搭建

设计思考

为了支持幼儿多样化的体育活动需要，教师投放了木板、梯子、单杠等材料。幼儿利用不同材料进行组合游戏。幼儿尝试用一个单杠和梯子拼搭，梯子的卡扣与单杠巧妙结合，幼儿将不同种类的材料建立联系，组成了新的游戏材料。随着幼儿对卡扣原理的理解和运用，他们一起讨论改进卡扣与单杠结合的方式和方法，并尝试运用两个单杠和梯子相结合，玩起了"徒手过云梯"的游戏。幼儿的创造力、上肢力量和协调性都得到了很好的发展。

教育建议

（1）充分利用云梯的特点，引导幼儿开展多种玩法的游戏，满足幼儿多样化的运动需求。

（2）教师可鼓励幼儿创新游戏玩法，组织相关游戏和活动，比如"云梯大比拼"或"接力云梯"。通过这些游戏，幼儿能够锻炼上肢力量和协调性。

（本案例由北京市昌平区机关幼儿园提供）

（九）感官类

《配备规范》的表 1 在"感官类"中列出了传声筒这种器械。传声筒是一种蕴含着科学趣味的器械，利用了固体声波振动传递的原理，主要锻炼幼儿的语言表达能力，激发幼儿的求知欲、好奇心等。《配备规范》规定了传声筒的安全标准。

（1）安全性

①传声筒喇叭部件宜使用非金属材质。

②传声筒支撑管直径不小于 48mm。

③为防止雨水进入，传声筒喇叭面与水平面的夹角应不大于 80°。

（2）游戏性

传声筒为幼儿与同伴之间的语言交流提供了机会。例如：幼儿可以与自己的好朋友说悄悄话；在玩其他游戏时，幼儿可以利用传声筒与同伴交流自己的想法或遇到的问题。

教师可以鼓励幼儿探索传声筒能够传播声音的奥秘，尝试自制传声筒。教师还可以带领幼儿开展延伸活动。例如：了解古代、现代传递信息的不同方式，尝试通过动手制作、绘画等方式，畅想未来传递信息的方式。

户外声音玩具案例——发现声音的乐趣

设计思考

户外"传声筒"玩具利用简单的物理原理——声波的传导，将声音从一个地方转移到另一个地方。通过运用彩色管道和漏斗的结合，将原本单调的围墙转角变为幼儿探索声音的地方。幼儿可以直接与装置互动，发出声音并感受声音在管道中传播的过程。户外传声筒既能够鼓励幼儿进行操作和实验，也能够激发幼儿对科学的兴趣和探索。

教育建议

（1）教师可以利用这个声音玩具，引导孩子们进行一系列的科学实验，比较不同强度和音调的声音在管道中传播的差异。

（2）教师可以组织幼儿开展相关的游戏和活动，比如"声音接力"或"猜猜我在哪"。通过这些游戏，孩子们可以在游戏体验中感受和发现声音的特点，如声音的速度、声波的传播方式等，在游戏中发展听力和语言能力。

（本案例由北京市西城区教育研修学院附属幼儿园提供）

（十）大型器械安装

《配备规范》的 7.1—7.8 提出了大型器械安装的安全规范与要求。

> 7.1 幼儿园户外大型器械游戏区的设备安装应由专业安装施工队伍实施安装调试。
>
> 7.2 器械安装应稳固可靠，无松动倾斜，稳固支柱的水泥或铁质基座

应置于软性地面之下，基础和支撑件不应有松动和晃动现象。采用地脚螺栓固定时，应采取防松和防护措施。

7.3 器械安装应完整，各零部件不应产生折断、裂纹、影响使用性能的变形扭曲等现象。

7.4 部件之间的连接应牢固可靠，在不使用工具的情况下无法打开。

7.5 具有转动、滑动、摆动等活动性能的部件，应运转灵活，不应有卡滞、干涉、松动以及异常声响等现象。

7.6 器械距架空高低压电线的水平距离应不小于 8m，距地下管道、地下线路边缘的水平距离应不小于 2m。器械之间的安全距离应不少于 3m，秋千与其他器械间安全距离计算应符合 GB/T 28711—2012 中 5.7 的规定。

7.7 器械应尽可能减少视觉障碍，便于教师看护在场地内活动的幼儿。

7.8 器械其下方底部及四周边缘的区域应铺设无毒无害的缓冲材料，铺设缓冲材料的要求应符合 GB/T 34272—2017 中 5.10.5 的规定。

六、综合活动区场地玩教具配备要求

《配备规范》的表2规定了综合活动区玩教具配备的质量标准和数量要求。

（一）户外建构类

《配备规范》的表2在"户外建构类"中列出了组合攀登架和户外大型积木两种玩教具。

1. 组合攀登架

组合攀登架是凳架、梯子、木板等多种部件组合而成的木制玩具，每套不少于16件。组合攀登架能够锻炼幼儿的手眼协调能力、平衡能力；幼儿在游戏过程中需要目测距离、判断动向等，锻炼空间想象能力。

《配备规范》提出了组合攀登架的安全规范。

（1）安全性

幼儿园配备的组合攀登架应注意以下安全规范问题。

①应能自由移动，自由组合，高度可调节。

②组合攀登架的连接应牢靠，特别是当攀登架由幼儿自主组合时，教师应着重关注连接处的稳定性。

③组合攀登架的任何一个部件都不应有危险锐利边缘及危险锐利尖端。

④组合攀登架的部件棱角及边缘部位应经倒圆或倒角处理，不应有危险突

出物。

（2）游戏性

组合攀登架的不同组合能够让幼儿在游戏中锻炼平衡、手眼协调等能力，游戏材料本身的挑战性对幼儿来说具有吸引力。在幼儿使用组合攀登架游戏时，教师可以赋予游戏多样化的情境，比如"勇敢的小士兵""翻山越岭"等，适宜的游戏情境能够激发幼儿浓厚的游戏兴趣和积极挑战的勇气。

组合攀登架

除了进行常规的组合攀登游戏外，幼儿也可以利用组合攀登架进行角色扮演类游戏，比如将组合攀登架的不同组成部件当作床、书架、椅子等物品。如果将组合攀登架的组成部件与轮胎、箱子结合在一起，可以创造出更丰富的玩法，但要注意组合使用时连接处的稳定性。

（3）使用安全

组合攀登架因其可灵活组合的特性，具备了更多的游戏可能性和层次性。在使用组合攀登架进行游戏时应当注意以下问题。

①游戏时应有教师看护，且教师应当将所有幼儿纳于观察范畴中。

②对于平衡能力较弱或较为胆怯的幼儿，教师应做到个性化贴身支持和鼓励，帮助幼儿逐步在游戏中获得成就感，感受组合攀登架的游戏乐趣。

③在对攀登架各部件进行组合时，针对不同年龄段或不同发展水平的幼儿，应注意攀登架组合的规模、高度等；可以在组合时设置不同的游戏高度，以满足不同水平幼儿的游戏需求。

④教师应关注同一时间在攀登架上游戏的幼儿数量，避免出现拥挤的现象。

⑤当组合攀登架的高度超过600mm时，下方地面应有缓冲层，如橡塑地板、

EVA①聚氨酯颗粒地垫等，具体标准应符合 GB/T 34272—2017 中"常用缓冲材料的厚度和相应临界跌落高度"的数值。

组合攀登架案例——在自主、自由攀爬中获得发展

设计思考

组合攀登架通过凳架、梯子、木板等材料的组合，能够促进幼儿平衡、攀爬、跳跃、抓握和协调等多项能力的发展。组合攀登架的拼装方式简单，能够兼顾孩子们自主游戏的意愿。它不需要固定的空间，幼儿可以根据自己的想法灵活选择不同的材料，进行横竖、高低不同的摆放，满足不同水平的运动需求，在游戏中培养挑战精神和坚毅勇敢的性格品质，在自主、自由攀爬中获得发展。

在搭建过程中，教师要引导幼儿知道在梯子下面或由高向下跳的环节，铺设软垫以保证自身安全，增强安全意识。教师要定期对设备进行安全检查，如检查梯子的稳固性、木制云梯的表面是否平滑等，以确保幼儿在游戏中的安全，实现幼儿自主游戏。

教育建议

（1）在游戏初期，可引导幼儿了解组合攀登架的拼装方式，支持他们自主探索"爬梯子""走平衡""爬云梯"等多种游戏方式。在游戏中后期，可以引导幼儿进行合作游戏，通过合作创设游戏路线，探索更多的游戏方式。

（2）通过贴标志的方式，鼓励幼儿分工、合作、自主收放攀登架材料。

（本案例由北京市西城区三教寺幼儿园提供）

---

① 英文全称为 ethylene-vinyl acetate copolymer，中文意为乙烯-醋酸乙烯共聚物。

2. 户外大型积木

户外大型积木应为环保木质材质，包括多种形状，如常见的长方体、圆柱体，也可以是U形、T形等。为满足幼儿多人合作完成大型搭建的游戏需求，每套户外大型积木不少于200件。每所幼儿园可配备2~3套户外大型积木。户外大型积木能够锻炼幼儿的空间想象力、创造力、手眼协调能力；在多人游戏中，伴随着协商、沟通、合作等行为，幼儿的社会性也将得到发展。

结合《配备规范》及其他相关规范，户外大型积木应满足以下要求。

（1）安全性

①不应有危险锐利边缘及危险锐利尖端，不应有危险突出物。

②棱角及边缘部位应经倒圆或倒角处理，使其光滑圆润。

③配备的积木块应当经过安全检测，从有资质的厂家规范采购。

④积木块应当经过科学的工艺处理，具有较好的防腐、防虫功能，且能够耐潮湿，不易吸水、变形、开裂。

⑤对木材进行防裂、防虫的清漆喷绘时，不能含有挥发性有毒物质，务必符合安全及环保要求。

（2）游戏性

相比于室内建构区的积木搭建，户外大型积木能够给予幼儿更丰富的游戏体验。幼儿会在更为广阔的游戏空间中，充分发挥创意想象，将一块块不同形状的积木组合搭建，创造出自己心中的世界。大型积木搭建而成的物体往往情节性更强，能够给予幼儿更多后续延伸、拓展游戏的空间。大型积木的搭建，通常需要多人共同合作进行，幼儿会经历协商搭建内容、协调分工、合作运送积木和搭建等过程，这对于幼儿发展交往能力大有裨益。同时，合作搭建能够促进幼儿问题解决能力的发展，当出现诸如因搭建目的不一致而产生争执或者积木形状不能满足需求等问题时，幼儿需要开动脑筋，思考问题的解决办法，并在主动探究和尝试中突破难关，收获新经验和胜任感。

搭建结束并不意味着游戏结束，利用搭建的作品开展角色游戏是幼儿常见的游戏行为，这有助于发展幼儿的想象力，丰富幼儿的社会认知，所以教师应当予以支持。教师也可以提供一些必要的辅助材料（如小汽车玩具、毛绒玩具等），让游戏情境更加突出。

户外大型积木游戏

（3）使用安全

大型积木本身具有一定的重量，在游戏时应当注意以下问题。

①幼儿搭建的场地应当比较开阔，能够供多人同时开展游戏，且为幼儿留有自由行走、拿取积木的空间。

②教师应在游戏前培养幼儿的游戏常规，比如知道不能随意挥舞积木等。

③关注积木搭建的高度，当积木从高处坠落时可能会对幼儿造成伤害，因此必要时幼儿应佩戴头盔以获得保护，注意头盔应规范佩戴。

④户外搭建的游戏场地往往比较开阔，幼儿处于分散状态，在同一时间，不同幼儿可能会分别在不同地点搭建不同内容，教师更要保持警惕，确保幼儿都在观察视线内。

⑤当积木出现了倒刺、破损等情况时，教师应及时予以更换，并提醒幼儿如果发现破损积木应及时告知教师。

户外搭建游戏案例——低结构材料变变变

设计思考

我园将低结构搭建游戏区设在较为空旷、平坦的硬化塑胶场地，在这里既有幼儿搭建的空间，又有放置不同积木、材料的空间。在材料和工具的储存处，我园安装了可以避雨和防尘的天棚，同时为幼儿提供了小车、可移动的收纳筐等，方便幼儿选择和运送材料。建构材料以低结构为主，如各种型号的积木、木板、木条、木棍、木梯、纸盒、纸杯、易拉罐、奶粉桶、鸡蛋托、轻体砖等。我们还为幼儿提供胶带、绳子、剪刀等方便连接或分割材料的工具。在低结构搭建游戏区，幼儿可以利用各种建构材料，通过想象和各种造型活动构造多种物体形象。在搭建过程中，幼儿不断遇到问题，解决问题，与同伴商讨，多次尝试，其搭建技能、逻辑思维、问题解决和社会交往能力也得到了充分的锻炼和提升。

教育建议

（1）生活中的低结构材料不胜枚举，可以通过多渠道面向幼儿家庭收集低结构材料，建立幼儿园的低结构搭建"百宝箱"，并将收集到的材料进行整理分类。

（2）低结构材料不设固定玩法，给予幼儿充分自主的空间和机会，教师要闭上嘴、管住手,在观察中分析、判断幼儿的游戏需要及介入幼儿游戏的时机。

(3)低结构游戏材料数量、种类一般较多,因此教师需要为幼儿提供数量充足、便于幼儿使用的收纳工具(如可移动材料箱等),鼓励幼儿自制分类标签,学习材料的收纳整理,同时在整理的过程中及时替换易损易耗的游戏材料(如纸杯、鸡蛋托等),养成良好的游戏习惯。

(本案例由北京市大兴区庞各庄第二幼儿园提供)

(二)健身训练类

《配备规范》的表2在"健身训练类"中列出了拉力球、平衡板(平衡跷跷板、摇滚跷跷板)、滑板车三种玩具,以及滑板车配套的收纳架。

1. 拉力球

拉力球作为健身训练类的器材,能够锻炼幼儿手臂的伸展力,增强上肢力量,也能够发展幼儿的手眼协调能力、观察力及合作精神。拉力球为选配材料,建议每所幼儿园配备40个。

结合《配备规范》及其他相关规范,拉力球应满足以下要求。

(1)安全性

①球的大小适宜,直径应在5cm~6cm。

②材料应为环保材质,符合GB/T 34272—2017中对于外观和涂装等方面的要求。

③材料做工精细,握手处圆滑无尖端、舒适轻巧,尺寸适宜幼儿抓握。

④拉力绳弹性好、韧性强,不易断裂。

(2)游戏性

一般来讲,拉力球需要两人一组共同游戏。两名幼儿分别站在球的两边,抓握把手,双手一开一合,让球在两人之间沿着绳索不断变换方向。在这个过程中，幼儿和同伴相互配合游戏，既能够达成锻炼上肢伸展力、手眼协调能力的发展目标，又能够增进幼儿之间的情感，培养幼儿的社会交往能力。

除了作为常规的健身器材外，拉力球还可以有多样的创意玩法。比如，把拉力球变为"拉力车"，两人一组，一人把拉力球绕过腰间，另一人在后方双手抓握把手，两人共同向前跑，如果想要变换奔跑方向，后方的幼儿可以向左或向右拽拉力绳，以示意前方奔跑的幼儿。由于拉力球自带绳索，所以适合于绳类玩具的游戏也都可以用拉力球来玩，比如把绳索在地上围成一圈，这样拉力球既可以是保护小羊的"家"，也可以是保护小青蛙的"荷叶"。总之，玩法多变，趣味十足。

拉力球和游戏方法

（3）使用安全

拉力球需要两个人一起游戏，在游戏时应当注意以下问题。

①在两个人同时发力时，任何一名幼儿不得直接松手，以免对方受力的作用向后倾倒。

②虽然拉力球有弹性、轻便，但幼儿不应挥舞拉力绳，以免伤害身边其他的幼儿。

2.平衡板（平衡跷跷板、摇滚跷跷板）

平衡板（平衡跷跷板、摇滚跷跷板）主要锻炼幼儿身体平衡控制力及协调能力，同时有助于提升幼儿的专注力。前期，当幼儿还不能够很好地控制平衡时，反复探索、尝试的过程对幼儿保持情绪稳定也有帮助。此为选配玩具，建议幼儿园配备10个左右，以满足多人同时玩的需求。

结合《配备规范》及其他相关规范，平衡板（平衡跷跷板、摇滚跷跷板）应满足以下要求。

（1）安全性

①一般为塑料材质，材料应环保、不易开裂。应符合GB 6675.1—2014《玩具安全》第1部分——条款5.3.7塑化材料的增塑剂限量要求，以及GB 6675.2—2014《玩具安全》第2—4部分中涉及的条款要求。

②在脚踏处应有防滑设计，触点稳定安全。

③摇滚跷跷板踩踏边缘可以有加高挡板，防止幼儿脚滑。

④摇摆幅度应当科学合理，比如摇滚跷跷板摆动幅度在30°左右，平衡跷跷板摆动幅度在40°左右，确保安全。

（2）游戏性

平衡板（平衡跷跷板、摇滚跷跷板）对幼儿发展前庭平衡、身体协调、专注力等非常有帮助。幼儿需要经过逐步探索，适应摇摆时的重心变化，掌握保持平衡的方法。以摇滚跷跷板为例，在最开始时，幼儿可以坐在椅子上，双脚分别踩在平衡板两侧并左右摇摆，感受摆动幅度，适应摆动。接下来，幼儿可以被动站立在平衡板上，即幼儿两脚分开，分别站在摇滚跷跷板两边的踏板上，由教师在旁边扶着幼儿缓缓摆动，让幼儿感受站立在平衡板上的重心变化。经过以上逐步适应的过程后，幼儿可以尝试主动站立摇摆，重心交替在左右两脚之间转移，自己控制平衡板的摇摆幅度，手臂张开以保持平衡。当幼儿能够顺畅摇摆时，教师可以鼓励幼儿尝试将重心保持在中间，让跷跷板两端不落地。除了一人游戏外，幼儿也可以与教师（或另一名幼儿）同时游戏，相互扶持，即两个人面对面站在两个摇滚跷跷板上，互握对方的双手，相互保持平衡或共同摆动。

有一些平衡板在底板上设计了S形、Z形等不同形式的凹槽作为滑道，可以放置橡胶小球，幼儿在左右摆动平衡板时，小球可以沿路径行进，增加了玩具的游戏性。

如果将平衡板倒置放在地面，它们可以横向或纵向相连组合成平衡木；也可以按照均匀的间隔摆放平衡板，将其作为跳跃游戏的障碍物。

（3）使用安全

①如果两个人面对面站在平衡板上一起游戏，则应在同一速度上彼此配合，同向或异向摇摆。

②左右摇动时可以保持一定的韵律感，速度不宜过快。

③观察幼儿在游戏中的情绪反应。如果幼儿非常紧张，教师可以先扶住幼儿，帮助幼儿站立在平衡板上，感受左右摆动的幅度和节奏。

平衡板玩具器械案例——花样走平衡

设计思考

平衡游戏是幼儿园中必不可少的一项运动游戏。我园在投放平衡材料时，充分考虑安全环保、调动幼儿兴趣、灵活、自主等因素，选择了传统平衡木、梅花平衡木、组合软体平衡木等不同类型的平衡运动材料，在不同的行进方式中，促进幼儿的视觉专注与步伐控制、平衡、协调等能力的发展。

此类平衡木方便拿取、利于调整，在不同天气、室内外都可以使用，能够在很大程度上满足室内外体育需求，并便于平衡木之间的组合。

教育建议

（1）引导幼儿探索排列组合平衡木的多种方式，进行不同间隔、多种线路的设计，通过路径从直线到折线，距离从规律到不同间隔，以及平衡木离地高度的不同，调整游戏的难度。

（2）通过多种方式开展平衡游戏，如"运扁担""桥上木头人"等，促进幼儿平衡能力的发展。

（3）扩展幼儿的自主游戏，提供材料后追随幼儿的想法，鼓励幼儿探索不同的玩法，如：利用多种平衡木搭建不同路线，并结合不同动作或运输不同重量的材料玩过桥类游戏；可以增加其他辅材，丰富游戏内容，提升幼儿参与的兴趣。

（本案例由北京市西城区三教寺幼儿园提供）

3. 滑板车及滑板车收纳架

滑板车主要锻炼幼儿的身体平衡控制力及身体协调能力。此为选配玩具，建议每所幼儿园配备25辆，以供幼儿开展集体游戏。滑板车收纳架作为配套设施也应当一并配备。

结合《配备规范》及其他相关规范，滑板车及滑板车收纳架应满足以下要求。

（1）安全性

①滑板车应使用硅胶材质的万向轮，转向灵活，适应不同材质的地面，能够减震降噪。

②滑板车的最大载重应不少于90kg。

③滑板车收纳架的底部应当安装万向轮，且轮子应有刹车功能。

④滑板车及滑板车收纳架不应有危险锐利边缘或尖端，棱角及边缘部位应经倒圆或倒角处理，不应有危险突出物。

⑤滑板车收纳架上应有相应的安全设计，以保证滑板车不会掉落下来。

（2）游戏性

滑板车可坐可卧，可一人可多人使用，可原地可前进，玩法多变。常见的玩法有以下几种。

①俯卧旋转。这种玩法可以强化锻炼幼儿的平衡能力。幼儿俯卧在滑板上，双手伸直交叉触碰地面，用手带动滑板车和身体在原地旋转，也可以左右交替旋转。

②助蹬前进。这种玩法能够锻炼幼儿的协调性。幼儿俯卧在滑板车上，抬头挺胸、头颈部抬高，双脚弯曲顶在墙上，双手向侧伸展（呈"飞机"状）。幼儿双脚用力蹬墙面，使滑板车向前滑行，此时双脚应并拢抬起，脚尖绷直。同时，幼儿双手触地，从两侧向后滑（呈"划船"状），控制滑板前进。当接近对面墙壁时，幼儿用手控制滑板车做180°回转，再次蹬墙重复一开始的动作。

③牵引滑行。这种玩法需要一人担任牵引者，建议由成人（家长或教师）来担任。幼儿坐在滑板车上（或俯卧在滑板车上），扶着两边把手；成人作为牵引者，牵动绳子，带动滑板车前进、转弯等。注意控制速度和滑板车的方向，转弯时须关注周围环境。

滑板车及其玩法

（3）使用安全

①游戏时的场地应当开阔、平坦，教师应关注场地内幼儿的游戏情况，避免出现拥挤、冲撞的现象。

②当幼儿使用滑板车游戏时，教师应提示幼儿戴好头盔，并穿戴必要的护具（如护肘、护膝等），做好安全防护。

③幼儿可以尝试自主将滑板车收纳到滑板车收纳架上，注意悬挂滑板车时要挂好、挂稳一个后再挂下一个。推动滑板车收纳架时，注意速度不宜过快。

户外运动玩具案例——滑板车的 N+1 种可能

设计思考

滑板车简单易玩，平平的车面与轮子的结合可以产生多种玩法。幼儿可坐、可站、可趴、可躺，还有合作游戏的可能性。两个扶手的设置既能满足幼儿不同的游戏需要，还可以成为连接滑板车的"桥梁"。在使用该玩具时，幼儿会调动身体的多个部位，不仅可以锻炼身体的协调度、柔韧度，还可以提高平衡能力、手眼协调能力。除此之外，它的玩法多变，能够促进幼儿发展想象力和创造性。

教育建议

（1）游戏前，教师可以为幼儿提供安全帽、防护工具等，以确保幼儿在游戏过程中的安全，避免他们在速度过快时发生危险。

（2）教师可以让幼儿自主探索玩具的多种玩法，鼓励幼儿拓展思路并勇敢尝试。教师要对幼儿的创造性玩法表示肯定、给予支持。

（3）教师应充分利用自然资源（如草坡、沙池等），并提供多种辅材（如绳子、不同材质的布等），为幼儿创造玩法提供有力的支持。

（本案例由北京市丰台区宛平幼儿园提供）

（三）田径类

《配备规范》的表 2 在"田径类"中列出了跨栏架、接力棒、终点冲刺带条、标志筒、投掷靶、拱形门、钻圈、滚筒共 8 种器材。其中必配器材为跨栏架、接力棒、标志筒、投掷靶、拱形门和滚筒；选配器材为终点冲刺带条、钻圈。

按照器材主要的使用方法和发展目标，接下来将器材分类进行介绍。

1. 跨栏架、接力棒、标志筒等

跨栏架、接力棒、标志筒、终点冲刺带条，多用于走、跑、跳等锻炼下肢力量的活动中。

结合《配备规范》及其他相关规范，上述材料应分别符合以下要求。

（1）安全性

①跨栏架应为环保塑料材质，塑料件的表面应平整，无龟裂、破损、皱纹、气孔、飞边溢料、凹凸不平等缺陷。

②接力棒的长度为 280mm~300mm，直径为 30mm~42mm，质量约为 50g。接力棒的材质为塑料或海绵与橡胶的组合，材料应当环保无毒害。

③终点冲刺带条为涤纶布面料，一般为红色。

④标志筒可以有不同的高度，范围是 15cm~50cm。

⑤标志筒应有配重，能够平稳放置，不易倒。

（2）游戏性

教师可以运用跨栏架、标志筒等，引导幼儿开展一系列与走、跑、跳相关的活动，包括锻炼幼儿灵活性、协调性的变向跑等。中大班时，幼儿可以开展接力比赛，培养团队意识。在游戏时，教师可以为幼儿提供不同高度的跨栏，以满足不同能力的幼儿的需求。需要注意的是，教师可以多设置几列器材，将幼儿分组，多组同步进行游戏，避免幼儿长时间等待。

除了常规玩法外，教师也可以探索器材的多样玩法，创设不同的游戏情境。下面列举标志筒的几个创意玩法。

①平衡大师。选择大小适宜的标志筒，幼儿将一个标志筒放置在头上，保持平衡向前行进，绕过前方标志筒后返回，将标志筒传递给下一名幼儿。这个游戏锻炼的是幼儿平衡稳定的能力。

②齐心运球。两名幼儿合作，每人各持一个标志筒，筒尖朝外，用筒底对夹住一枚足球（篮球、皮球均可），将球运到终点。

③采摘蘑菇。把标志筒随机分散摆放在场地内，在每个标志筒下放入若干个网球（或海绵球、沙包）。游戏开始后，各组幼儿分别出发，每人每次可以打开一个标志筒，摘取一枚"蘑菇"并运回本组，最先达成采摘目标的小组获胜。

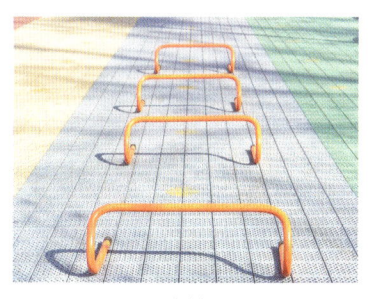
跨栏

标志筒

接力棒

（3）使用安全

①在摆放跨栏架时，应该将支架朝向幼儿，这样如果幼儿跳跃时不慎碰到跨栏，跨栏能够顺势倒地，避免绊倒幼儿。

②跨栏架、标志筒等小型器材的取放和收纳，都可以由幼儿自主完成。

③教师应注意设置游戏情境，避免单一训练；循序渐进，为不同水平的幼儿提供个性化支持。

④幼儿的发展规律为：3—4岁，能够单脚连续向前跳 2m 左右，快跑 15m 左右，行走 1km 左右（途中可适当停歇）；4—5岁，能够单脚连续向前跳 5m 左右，

快跑 20m 左右，连续行走 1.5km 左右（途中可适当停歇）；5—6 岁，能够单脚连续向前跳 8m 左右，快跑 25m 左右，连续行走 1.5km 以上（途中可适当停歇）。

2. 投掷靶

投掷靶主要有助于幼儿锻炼手臂力量，促进全身运动的协调性，提高参加体育锻炼的兴趣。投掷靶既可以增加幼儿的投掷距离，也可以锻炼幼儿的投掷准度，教师可以根据需要，设置不同的任务挑战。

结合《配备规范》及其他相关规范，投掷靶应符合以下要求。

（1）安全性

①投掷靶为尼龙魔术布材质，上面覆盖魔术贴，包含支架、底座，其中底座应当配重，稳定不易倒。

②魔术贴要做工精细、走线平整，面料耐用。

③魔术贴应易于固定在支架上。

④配套的粘靶球应当轻便，适宜抛掷。

（2）游戏性

投掷靶有投掷粘靶盘、球形投掷靶、沙包投掷靶、飞镖靶等不同的类型，可以根据投掷靶的具体类型来设置投远或投准等不同游戏。幼儿也可以分小组竞赛，增强游戏的趣味性。除了将粘靶球投掷到靶子上，为了幼儿投掷时能够找准角度，也可以将靶子作为一个高度参考，请幼儿将球投过靶子。

投掷靶

（3）使用安全

①将投掷靶放置在平坦的地面上。

②确保没有人或物体在投掷范围内。可以在一组投掷结束后统一去捡球。

3. 拱形门、钻圈和滚筒

拱形门、钻圈和滚筒主要锻炼幼儿全身的大肌肉力量，特别是肢体协调性和灵活性。同时，借助上述器材开展的钻、爬类活动，也有助于幼儿听觉、空间位置感觉以及平衡感的发育，丰富他们的感觉刺激，提高他们的大脑组织协调能力。其中，拱形门、滚筒为必配器材，钻圈为选配器材。

结合《配备规范》及其他相关规范，上述器材应分别符合以下要求。

（1）安全性

①器材的塑料件表面（包括滚筒内部）应平整，不应有龟裂、破损、凹凸不平等缺陷。棱角及边缘部位应经倒圆或倒角处理，不应有危险突出物。

②器材所使用的塑料应当安全环保，为食品级塑料。

③拱形门、钻圈应当能够稳固放置在地面上。

（2）游戏性

拱形门、钻圈可以用来开展多种类型的钻爬游戏，包括手膝着地爬、手脚着地爬、蹲走等。拱形门也可以灵活运用到其他游戏中，比如作为跑跳类游戏的出发点或终点的标志物。滚筒的玩法多种多样，比如幼儿可以爬进滚筒，在滚筒内通过手脚交替爬行，推动滚筒前进。幼儿也可以半躺在滚筒里，由成人推动滚筒前进。幼儿还可以趴在滚筒上或骑坐在滚筒上，左右摇摆，感受摇动的韵律。多个滚筒连接在一起，则可以组合成长长的隧道。除了钻爬类游戏外，幼儿也可以用手推动滚筒向前走，锻炼控物前进的能力。常见的玩法还包括：站在滚筒上，控制滚筒向前滚动，保持平衡。这种玩法对于幼儿的平衡能力、协调能力的挑战性较大，幼儿可以在成人或同伴的帮助下，逐步过渡到独立站上滚筒，再到能够让滚筒"滚"起来。

教师可以鼓励幼儿充分创想，生成多种多样的游戏，比如：把滚筒立起来当作小房子，幼儿作为小地鼠，一人蹲在一个房子里，再由一名幼儿手持海绵棒，站在场地内，跟随音乐的节奏"打地鼠"。再如：将滚筒立起来当作"篮筐"，幼儿向滚筒内投掷。滚筒作为圆柱形的物体，有助于幼儿在观察和游戏中了解圆柱体的特征，拓展数学经验。

拱形门

钻圈

滚筒

（3）使用安全

①使用拱形门和钻圈开展游戏时，可以同时设置多组，避免幼儿长时间等待。

②使用滚筒开展游戏时，需要关注幼儿的经验水平，为幼儿提供必要的帮助（比如帮助幼儿站上滚筒，扶住幼儿前行等），并逐步撤出，鼓励幼儿自主游戏。

③应在日常注重培养幼儿的自我保护意识，提高幼儿的自我保护能力。幼儿在游戏（比如玩滚筒游戏）时，能够更好地评估自己的水平。

（四）球类

《配备规范》在"球类"中列出了篮球、足球及皮球三种球类，以及配套的篮球架、多向投篮器、篮球护膝护肘发带、足球门、装球车及足球护膝护肘发带。其中，必配器材为篮球、篮球架及皮球，其他为选配器材。

1. 篮球及相关器材

因篮球架、多向投篮器及篮球护膝护肘发带等是与篮球配套的游戏器材，因此归为一类统一介绍。装球车既可以运送篮球，也可以运送足球或其他球类，将在足球部分解读其安全性要求。篮球主要能够锻炼幼儿动作的协调性、灵敏性，也可以设置与平衡类有关的游戏，发展幼儿的平衡能力。3—4岁时，幼儿能够双手向上抛球，分散跑时能躲避他人的碰撞。4—5岁时，幼儿能够连续自抛自接球，能与他人玩追逐、躲闪跑的游戏。5—6岁时，幼儿能够连续拍球，能躲避他人滚过来的球或扔过来的沙包。

结合《配备规范》及其他相关规范，篮球及相关器材应分别符合以下要求。

（1）**安全性**

①篮球宜为3号或4号。3号篮球质量为300g~340g，圆周为56cm~57cm；4号篮球质量为430g~460g，圆周为62cm~66cm。

②篮球材质若为天然革，应皮质较坚实，皮纹稍松，纹路接近，允许有不影响强度的虻底[①]，每只球可带有面积不超过$10mm^2$的划痕3处；若为人造革，应符合GB/T 8948—2008、GB/T 8949—2008中的一等品要求。

③篮球回弹高度为1200mm~1600mm。

④篮球架篮筐距地面高度宜不大于235cm，且可调节。架体升到规定位置时，在使用过程中应保持整体尺寸稳定。

⑤篮球架、多向投篮器的球架在正常使用过程中不应有任何方向的倾斜、翻倒或较明显的永久变形现象。

⑥篮板背后距地面小于1m高度的任何篮球悬臂与支柱部分应经衬填后包扎，包扎厚度应不小于25mm；在篮板背后的任何支撑部分要在其下表面包扎，直到篮板正面400mm处。

⑦多向投篮器不少于3个篮圈，篮圈直径宜为30cm~45cm。

⑧篮球护膝护肘发带用于开展篮球活动中保护幼儿的安全。应穿着舒适，在随意跑跳中不会下滑。

⑨其他应符合《小篮球场地建设与器材配备规范》（JY/T 0627—2020）中

---

① 生皮的一种缺陷，虻眼愈合后在动物皮上留下的圆形凹陷疤痕。

"6.1 篮球架""6.2 篮球"部分的要求。

（2）**游戏性**

关于篮球技能的掌握，应当遵循幼儿的年龄特点循序渐进，比如：拍球技能基本遵循从双手原地高拍球，到单手拍球、单手连续拍球，再到行进间运球的过程；传球技能则遵循从击地双手原地传球，到原地双手传球，再到单手肩上传球的过程。篮球既可以每人一球，也可以双人传球，待幼儿能够运球前进、掌握投篮的经验后，可以尝试开展幼儿间的篮球比赛，通过竞赛的形式增强幼儿的兴趣，培养幼儿的团队意识与合作能力。

除了常规玩法外，教师也可以鼓励幼儿充分发挥创意，为篮球设计多样玩法。下面是简单的举例说明。

①小袋鼠搬家。幼儿将篮球夹在双腿间，像袋鼠一样向终点跳去。可以分组进行接力比赛。

②小刺猬运果子。幼儿两人一组背对背，用后背抵住篮球，侧向前进至终点，将"果子"运回家。

③肩上传球。幼儿分成多组，从前往后站成一排（或坐成一排），每组人数相同。第一名幼儿从头上将球传递给下一名幼儿，依次传递直至最后一名幼儿。规定时间内传球最多的组胜利。

（3）**使用安全**

①开展篮球相关活动时，需要做好热身和拉伸活动。教师需要关注幼儿的装备，必要时应佩戴护膝护肘和发带。

②开展篮球游戏需要开阔的场地，场地内没有障碍物，注意提醒幼儿不在场地间穿行。

③开展篮球比赛时，应遵守游戏规则，如不推搡、不撞人等。

④玩拍球或传球游戏时，要注意提醒幼儿不用手指戳球、不朝其他幼儿脸部传球。

⑤篮球的气不必打得太足，以免回弹过高，幼儿难以控制，符合回弹高度即可。

2. 足球及相关器材

因足球门、装球车、足球护膝护肘发带等是与足球配套的游戏器材，因此归为一类统一介绍。足球能够让幼儿享受运动乐趣，增强体质，培养团队意识，锻炼与人沟通能力、协作能力，以及形成遵守规则、公平竞争的意识。

结合《配备规范》及其他相关规范，足球及相关器材应分别符合以下要求。

（1）**安全性**

① 足球宜为 2 号或 3 号，2 号足球周长约 470mm，3 号足球周长为 535mm~560mm。

② 足球球片粘贴平整，图案、字体基本清晰端正。

③ 足球反弹高度为 1100mm~1400mm。

④ 足球材质为皮革的球，应皮质松软，皮纹较粗，允许有不影响使用的龟裂和轻微缺陷；材质为人造革、合成革、再生革的球，应表面花纹清晰、深浅一致，不允许有杂质、针孔、气泡、脱层等缺陷；材质为橡胶的球，应球面气泡、杂质可修补完整；褶痕深度不超过 0.5mm，允许累计球面缺陷不超过 7cm^2。

⑤ 足球门可根据足球场定制适宜尺寸，规格不小于 150cm×100cm，应配尼龙球网。

⑥ 足球门应能够牢固地固定在地面上，不应有任何方向的倾斜、翻倒或较明显的永久变形现象。门柱应有防撞棉包覆。所有零部件表面应光滑、平整，所有棱边和尖角，均应使其半径大于 2.5mm。

⑦ 装球车底部装 4 个万向轮，应有刹车功能。装球车所有零部件表面应光滑、平整，不应有危险锐利边缘及危险锐利尖端，棱角及边缘部位应经倒圆或倒角处理，不应有危险突出物。

⑧ 足球护膝护肘发带用于开展足球活动中保护幼儿的安全；应穿着舒适，随意跑跳中不会下滑。

⑨ 其他应符合《小足球场地建设与器材配备规范》（JY/T 0629—2020）中"6.1 足球门""6.2 足球网""6.3 足球"部分的要求。

（2）游戏性

足球能够促进幼儿身心全面发展，幼儿园开展足球相关活动时，应遵循幼儿足球技能的发展规律。幼儿要先熟悉足球，了解足球有关的基本知识，基本掌握用脚踢球、追逐球等技能。随着幼儿身体协调性的提升，他们能够进行跑动、转身、停球等技能的学习，但要注意以游戏的方式进行，避免单一练习。当幼儿掌握足球的规则以及上述技能后，可以尝试开展足球比赛，通过竞赛锻炼幼儿的团队合作意识和能力，培养幼儿的韧性。

适用于篮球的创意玩法同样适用于足球，除此之外，教师可以鼓励幼儿充分发挥创意，开发适合足球的多样玩法。下面是简单的举例说明。

足球游戏

①足球毽子。将足球用网兜兜起来，幼儿一手拿住网兜的绳子，使足球悬吊在空中，然后用脚踢球（像踢毽子一样，可左右脚交替踢）。

②足球木头人。把足球运球与木头人游戏相结合，幼儿以脚运球前行，当听到指令时，立即定住，控制人与球都不动。

③足球钻山洞。幼儿分成多组，从前往后站成一排，每组人数相同。第一名幼儿从胯下将球传递给下一名幼儿，依次传递直至最后一个。规定时间内传球最多的组胜利。

（3）使用安全

①开展足球相关活动时，需要做好热身和拉伸活动。教师需要关注幼儿的装备，穿着运动鞋和运动服，必要时应佩戴护膝护肘和发带。

②开展足球游戏需要开阔、平整的场地，场地内没有障碍物，注意提醒幼儿不在场地间穿行。

③提醒幼儿踢球时关注周围环境，不朝人踢。

④开展足球比赛时，应遵守游戏规则，如不推搡、不撞人、不乱踢等。

3. 皮球

皮球作为常见的球类，可以拍、踢、抛接等，能够发展幼儿的肢体协调能力、动作敏捷性，提升幼儿的专注力。幼儿会在游戏中理解数与量，以及前后、上下、左右等方位概念。

结合《配备规范》及其他相关规范，皮球应符合以下要求。

（1）安全性

①直径宜为 10cm~30cm。

②环保材质，色彩丰富，弹力好，抗压耐磨。

（2）游戏性

适用于篮球、足球的游戏同样适用于皮球。除此之外，皮球因为更小，对幼儿的控制能力提出了更高的要求。下面对皮球的创意玩法进行简单的举例说明。

①赶小猪过山洞。幼儿手持海绵棒，将皮球在地面滚动至终点。过程中可以增加拱形门作为"山洞"，幼儿用海绵棒控制皮球的运行轨迹。

②穿越烽火线。幼儿分成两组，一组幼儿相隔 1m 左右面对面坐下，将皮球在地面滚动传递给对面的幼儿。另一组幼儿从中间穿过，需要躲避皮球的碰撞。

③保龄球。设置一条投掷线，在投掷线 3m~7m 处摆放上轻便的物体（比如空塑料瓶等），幼儿单手握球，将皮球作为保龄球沿地面推出，球击倒的物体越多，得分越多。

（3）使用安全

①游戏场地应当开阔、平整，除游戏中有意设置的障碍物（比如标志筒、拱形门）外，不应有其他障碍。避免在狭窄或危险的地方玩球。

②提示幼儿不能用球打人或击打周围物体。不要用力过猛，以免皮球反弹，击中幼儿自己或击中他人。

③提示幼儿与同伴保持距离，关注周围环境，躲避其他幼儿的皮球。

（五）体操器械类

《配备规范》的表2在"体操器械类"中列出了艺术体操球、艺术体操圈、艺术体操棒、艺术体操绳、艺术体操带、跳垫、弹跳箱、蹦床共8种器材。其中，跳垫与弹跳箱属于必配器材，其他均为选配器材。

1. 艺术体操球/圈/棒/绳/带

艺术体操球等五种器材，主要提高幼儿的协调性、灵巧性、柔韧性等，当使用这些器材并配合音乐开展游戏时，幼儿能够培养自身的韵律感、音乐感，开阔视野，陶冶情操，是美育融合渗透的一种途径。每种器材建议每所幼儿园选配40个。

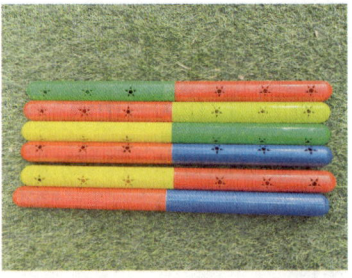

艺术体操类器材

结合《配备规范》及其他相关规范，艺术体操类器材应符合以下要求。

（1）安全性

①艺术体操球的直径为15cm~20cm，触感柔和，富有弹性，无异味、无漏气，防爆。

②艺术体操圈的内径为30cm~80cm，手感舒适，光滑无毛刺，重量不超过300g。

③艺术体操棒的长度为20cm~40cm，宜带声音，耐磨损，不掉色。

④艺术体操绳的长度为50cm~70cm，材质可为优质棉麻、尼龙、聚酯纤维等，其中聚酯纤维更加轻便柔软，编织应牢固密实。

⑤艺术体操带的带长为 200cm~400cm；棍长为 300mm~500mm，直径不超过 10mm。手柄应当握感舒适，韧性好，不易折断。

⑥以上器材均应使用环保材质，无毒无害。

（2）游戏性

除了用于学习艺术体操的相关技能外，以上游戏器材还可以创生出多样的玩法。比如：运用艺术体操球开展"躲避球"游戏；将艺术体操棒放置在地面上，作为跳跃游戏的标志；使用艺术体操绳开展"捉尾巴"游戏；将艺术体操圈（内径较大的）握于双手，双脚连续从圈中跳过；不同颜色的艺术体操圈放置在地面上，可以作为"跳房子"游戏的道具；以及利用艺术体操带开展戏剧表演游戏等。总之，在使用体操类器材时，要避免机械练习或过于强调技能的习得，而应在丰富多样的游戏中，帮助幼儿感知运动美与艺术美。

（3）使用安全

①使用艺术体操带、艺术体操绳、艺术体操棒时，应提醒幼儿不互相用带/绳/棒打闹，与同伴保持距离。不可甩玩艺术体操带的手柄。游戏后，要耐心卷好体操带，以便下次使用。

②不要将艺术体操圈放在脖子上使用。

③应在开阔的场地进行游戏，选择适宜、欢快的音乐，做好热身和拉伸活动。

2.弹跳箱及跳垫

跳垫是与弹跳箱配套使用的器材，因此归为一类介绍。弹跳箱能够发展幼儿的平衡性、协调性，锻炼四肢力量，增强肌肉耐力，促进心肺功能的提升。跳垫和弹跳箱均为必配器材，跳垫建议每所幼儿园至少配备 4 块，弹跳箱建议配备 2 套。

结合《配备规范》及其他相关规范，弹跳箱及跳垫应符合以下要求。

（1）安全性

①弹跳箱包括多种规格的跳箱、踏板，跳箱能够按需拆卸、调节高度。

②弹跳箱的跳箱盖应该平整，软硬适宜，有软体缓冲，手感舒适。

③弹跳箱各层结合应平直、稳定牢固，接地面应平稳。

④弹跳箱不应有危险锐利边缘及危险锐利尖端，棱角及边缘部位应经倒圆或倒角处理，不应有危险突出物。

⑤跳垫采用高密度海绵或泡沫塑料和泡沫乳胶，厚度不小于 50mm，弹性好，韧性强，缓冲性好。当幼儿在游戏中落至垫上时，跳垫应能起到保护作用。

⑥助跳板弹簧应稳固，底面应有防滑脚垫设计，平稳不宜倾斜。

⑦其他应符合 GB/T 19851.2—2015《中小学体育器材和场地 第 2 部分：体操器材》中对跳箱、跳垫、助跳板的相关要求。

（2）游戏性

运用跳箱开展活动时，应当循序渐进。比如：在小班时，可以先提供 1 层跳箱，请幼儿单脚跃上跳箱，或双脚跳上跳箱，再从跳箱上跳下，让幼儿逐渐熟悉跳箱，增加亲切感。在中班时，可以提供 3 层（或 4 层）跳箱，供幼儿练习助跑撑跳骑坐，即跳箱竖放，幼儿助跑至跳箱前，双手撑在跳箱前 1/3 处，双脚同时分开向上起跳，骑坐在跳箱上（模仿骑马动作）。待幼儿对跳箱有一定的经验后，可以将跳箱横放，鼓励幼儿撑跳过跳箱，可以从 3 层跳箱开始。到大班时，幼儿能够完成 4 层甚至更高层跳箱的撑跳，由在教师的保护帮助下完成撑跳到独立完成撑跳。

幼儿弹跳游戏

（3）使用安全

①确保跳箱放置平稳，跳箱周边要有垫子作为辅助，垫子呈长方形摆放。垫子一般放置在跳箱下面，或幼儿跳跃后落地之处。

②教师要在幼儿起跳点的侧面进行保护，对于不能独立撑跳越过跳箱的幼儿，教师应一手轻抓幼儿上臂，另一手轻扶幼儿臀部，随幼儿运动轨迹而运动，帮助幼儿撑跳越过跳箱。

③跳箱运动本身具有一定的运动规范，如助跑要提速，双手要撑在跳箱靠前的位置、跳过去之后要放手、跳跃时双腿要分开伸直等。教师应熟练掌握跳箱的运动技能和保护方法，通过游戏和个性化指导等方式，鼓励幼儿循序渐进地掌握跳箱运动技巧。

3. 蹦床

蹦床能够锻炼幼儿的跳跃能力，增强下肢力量，提高身体协调性、控制力、灵活性和平衡性等。蹦床属于选配器材，建议每所幼儿园配备2个蹦床。

结合《配备规范》及其他相关规范，蹦床应符合以下要求。

（1）安全性

①蹦床应带护栏护网。

②蹦床的材质为塑胶、镀铬钢。

③蹦床的各支撑人体的表面所有棱边和尖角，最小半径为3mm，使用者或第三者易接触的零部件的所有其他棱边应有圆滑过渡或加以防护。

④面框、支腿和移动装置宜采用钢材或其他金属材料；无防腐性能的金属材料应采取表面防腐处理。

⑤网面应采用合成纤维或等同性能的材料，网面的网格应缝合可靠。

⑥其他宜符合 GB/T 32611—2016《体操蹦床功能和安全要求及试验方法》的相关要求。

（2）游戏性

运用蹦床可以开展单人跳、多人跳等游戏，在基础的跳跃运动基础上，可以做一些简单变化，比如"后踢腿跳、踏步跳、左右跳、开合跳、转圈跳、高抬腿跳"等。当然，在最初开始蹦床游戏时，教师或家长可以和幼儿一起游戏，帮助幼儿建立对蹦床的熟悉感。比如：幼儿坐/躺在蹦床上，成人轻轻跳跃，让幼儿感受蹦床的弹跳韵律；或者在幼儿跳跃时，成人双手扶着幼儿的手。

除了跳跃游戏外，还可以叠加其他材料，创生新的玩法，以下是简单的举例说明。

①蹦床抛接球。幼儿在蹦床上自由跳跃，或双手抱球在蹦床上跳跃，成人站在与蹦床有一定距离的位置，与幼儿做"抛球—接球"的动作。幼儿也可以选择一面墙壁，边跳边对墙抛接球。这项游戏可以锻炼幼儿的反应能力。

②蹦床闪卡。幼儿在蹦床上旋转跳跃，成人站在不远处，手持印有不同图片的卡片。当幼儿快要旋转至成人对面时，成人要举起一张卡片，在幼儿视线平齐的地方快速滑过，幼儿要迅速观察并说出卡片上的内容。

③蹦床节节高。在蹦床上方悬挂一个气球，高度以幼儿起跳时能够伸手击打到为宜，锻炼幼儿在跳跃中手眼协调和视动统合的能力。

（3）使用安全

①游戏时应有教师看护，确保幼儿在视线范围内。

②根据蹦床的大小确定幼儿的数量，避免拥挤造成碰撞。

③弹跳时间不宜过长，注意劳逸结合。

（六）民族民间传统体育活动类

《配备规范》的表2在"民族民间传统体育活动类"中列出了沙包、地面游戏、跳绳、竹节绳、彩虹伞、东南西北跑、面条棍、跳跳球、阻力伞、呼啦圈、羊角球、飞盘、跳袋、套圈、高跷、空竹、风火轮、旱地龙舟等多种玩具。

1. 沙包

沙包是一种民间传统游戏材料，一般由厚布织成的小袋中填入干黄沙、锯末等填充物制成，可有幼儿喜爱的颜色与造型。沙包投掷游戏，主要锻炼幼儿上肢、腰、背等部位的肌肉力量，增强身体的柔韧性、灵活性，促进动作的准确性、协调性以及感知觉的发展。

（1）**安全性**

幼儿园配备的沙包应符合《配备规范》中关于沙包的要求，确保沙包的安全性。

玩沙包

①沙包直径宜6cm~10cm，质量宜50g~150g。

②沙包双层缝制，边角缝合严密无泄漏。

③沙包里面的填充物不得是粮食以及尖锐的物品。

④沙包使用后应存放在干燥通风的地方。

（2）**游戏性**

沙包是一种开放性的游戏材料，常见于与投掷有关的户外游戏中，如"丢沙包""炸碉堡""跳房子""愤怒的小鸟"等。在游戏过程中，教师可根据不同年龄段幼儿的投掷目标（3—4岁2m左右，4—5岁4m左右，5—6岁5m左右），创设投掷游戏情境，激发幼儿的投掷兴趣。

此外，教师可鼓励幼儿根据游戏需求，自主创新多种玩法，如幼儿单独或与同伴进行抛接、投掷、夹包跳、头部顶包、踢包等游戏，发挥出传统民间游戏材料的更多价值。

（3）**使用安全**

幼儿在进行沙包游戏时，教师要对沙包场地的状况与沙包的玩法等方面做好准备与提示。

①使用前，检查沙包是否完好无损。

②选择在空旷、平整的场地进行游戏。

③游戏过程中，教导幼儿不扔、不击打周围的人或物品。

④游戏过程中,教导幼儿注意保持与同伴间的安全距离。

户外投掷游戏案例——有趣的投掷翻翻乐

设计思考

我园在幼儿园大树支柱的中间,设计了投掷玩具"翻翻乐"。这款玩具利用了重力和杠杆原理,可以让孩子们站在树下向高处的箱体里投掷沙包,当沙包装满后会向下翻倒,倾泻而下形成"沙包雨",随后箱体翻转回正,循环往复,趣味性十足。透明的

箱体能够让孩子们更清楚地看到自己投进的沙包,获得成就感。同时,"翻翻乐"的高度可以根据不同年龄班的孩子进行调整,孩子们在投掷时需要适合的出手角度和力量才能顺利投进,非常利于提升孩子们的投掷能力。不仅如此,由于投掷的时候幼儿需要仰视,还可以锻炼他们的颈椎和视力,助力身体健康。

教育建议

(1)幼儿可以充分发挥想象力、创造力,创编多种玩法。例如:全班幼儿分为两队,从两侧分别投掷沙包,先掉落"沙包雨"的一方为获胜方;幼儿熟悉后,还可自主协商投掷的距离;创设"小小运输员""我是造雨小能手"等游戏情境。

(2)投掷物不局限于沙包,可鼓励幼儿自选投掷物,例如使用网球、纸飞机、"小鱼雷"等适合的投掷物。

(本案例由北京市宣武回民幼儿园提供)

2. 地面游戏

地面游戏是一项借助地面图案开展的游戏,包括十字象限跳、九宫格、跳房

子等。地面游戏通过走、跑、跳等动作，锻炼幼儿下肢肌肉的力量，增强身体灵活性，促进动作的准确性、协调性以及感知觉的发展。

（1）安全性

①游戏区域的地面干燥、平整。

②游戏区域的地面具有一定的防滑性。

③两个地面游戏间隔一定的距离。

（2）游戏性

地面游戏是一项借助地面图案开展的创造性游戏，可利用图形、数字、符号设计游戏，如开展十字象限跳、九宫格、跳房子、走迷宫等游戏。教师可鼓励幼儿根据游戏需求，进行单人、双人、多人的轮流或竞赛游戏。

跳房子

（3）使用安全

幼儿在进行地面游戏时，教师要对游戏场地的状况与游戏玩法等方面做好准备与提示。

①运动前充分活动身体各部位。

②选择在干燥、平整的场地进行游戏。

③游戏过程中，教导幼儿按照地面标识进行游戏。

④游戏过程中，教导幼儿注意保持与同伴间的安全距离。

3. 短跳绳、长跳绳、短竹节绳、长竹节绳

跳绳、竹节绳都是民间传统游戏材料。跳绳一般由棉绳制成。竹节绳属于跳绳的一种，是采用环保材料制成一节一节竹子形状拼接在一起的，耐磨性强且颜色鲜艳。跳绳和竹节绳都配有安全手柄并可以调节长度。跳绳游戏，主要增强幼儿的上下肢力量、灵巧性、协调性、平衡感，培养团结合作的态度与意志品质。

（1）安全性

幼儿园配备的跳绳、竹节绳应符合《配备规范》中关于跳绳（短）、跳绳（长）、短竹节绳、长竹节绳的要求，确保其安全性。

①跳绳（短）

A. 短跳绳，绳长度 2200mm~2500mm，直径 6mm~7mm，质量 50g~80g。

B. 柄（2个），长度 140mm~170mm，直径 26mm~33mm，质量 70g~90g。

C. 跳绳的绳与柄连接，应滚动流畅，跳绳的长度调节方便，并有绳的锁紧装置，跳绳的易接触地面的中间部分应采用耐磨材料（例如橡胶等）进行保护。

D. 跳绳的绳和柄应采用无毒、环保、适宜的材料制成。

E. 其他宜符合 GB/T 19851.20 的相关要求。

②跳绳（长）

A. 长跳绳，绳长度 4000mm~6000mm，直径 8mm~9mm，质量 140g~235g。

B. 柄（2个），长度 140mm~170mm，直径 26mm~33mm，质量 70g~90g。

C. 跳绳的绳与柄连接，应滚动流畅，跳绳的长度调节方便，并有绳的锁紧装置，跳绳的易接触地面的中间部分应采用耐磨材料（例如橡胶等）进行保护。

D. 跳绳的绳和柄应采用无毒、环保、适宜的材料制成。

E. 其他宜符合 GB/T 19851.20 的相关要求。

③短竹节绳

A. 手柄长度 140mm~170mm，后端椭圆设计，有后盖。有效绳长（不含手柄）为 2400mm~2500mm。

B. 绳为串珠设计，大珠直径 7.8mm，长 25mm，小珠直径 5.6mm，长 20mm。

④长竹节绳

A. 手柄长度 180mm~210mm，后端椭圆设计，有后盖，头部有卡住配件。有效绳长（不含手柄）为 3000mm~4000mm。

B. 绳为串珠设计，大珠直径 7.8mm，长 25mm，小珠直径 5.6mm，长 20mm。

（2）游戏性

跳绳和竹节绳是开放性的游戏材料，常见于与跳跃有关的户外游戏中，如

"花样跳绳""跳长绳""旋转电梯"等。在游戏过程中，教师可根据不同年龄段幼儿跳跃动作的发展目标，创设游戏情境，激发幼儿向上跳、向远跳的兴趣。

此外，教师可鼓励幼儿根据游戏需求，自主创新多种玩法，如幼儿单独或与同伴进行跳小河、走弯弯曲曲的小路、穿越火线等游戏，发挥出传统民间游戏材料的更多价值。

（3）使用安全

幼儿在进行跳绳游戏时，教师要对跳绳场地的状况与跳绳的玩法等方面做好准备与提示。

①使用前，检查跳绳是否完好无损，有无断裂。

②选择在空旷、平整的场地进行游戏。

③游戏前，提醒幼儿将绳长调节到适合自己使用的长度。

④游戏前，带领幼儿做好手臂、肩部、腰部、腿部等肌肉拉伸。

⑤游戏过程中，教导幼儿注意保持与同伴间的安全距离。

4. 彩虹伞

彩虹伞是一种民间传统游戏材料，一般由直径 2m~5m、周长 6.2m~15.8m 的加厚牛津布缝制而成，色彩鲜艳，分为 8~12 片区域。彩虹伞游戏，既锻炼幼儿的上下肢力量、动作的协调性和灵敏性，也促进幼儿合作能力的发展。

（1）安全性

幼儿园配备的彩虹伞应符合《配备要求》中关于彩虹伞的要求，确保彩虹伞的安全性。

①彩虹伞面料结实、耐拉扯。

②彩虹伞无破损、无漏洞。

（2）游戏性

彩虹伞是一种开放性的游戏材料，常见于与合作有关的户外游戏中，如"刮风啦""旋转彩虹伞""炒豆豆""捕鱼游戏"等。在游戏过程中，教师可根据幼儿的年龄特点，创设游戏情境，如小班的"躲猫猫"游戏、中班的"爆米花"游

彩虹伞游戏

戏、大班的"急速转弯"游戏等。教师还可在彩虹伞上增加不同重量的物体,激发幼儿的游戏兴趣。

此外,教师可鼓励幼儿根据游戏需求,自主创新多种玩法,如开展"找颜色""跳格子""找朋友"等游戏,发挥出传统民间游戏材料的更多价值。

（3）使用安全

幼儿在进行彩虹伞游戏时,教师要对彩虹伞场地的状况与彩虹伞的玩法等方面做好准备与提示。

①使用前,检查彩虹伞是否完好无损。

②选择在空旷、平整的场地进行游戏。

③游戏过程中,教导幼儿注意保持与同伴间的安全距离。

④游戏过程中,教导幼儿根据口令,调整游戏速度、力量等,避免因控制不当,对自身或他人身体造成误伤。

5. 东南西北跑

东南西北跑是一种民间传统游戏材料,内芯为粗弹力绳,外层多色拼接绒布,周长 2m~10m。东南西北跑游戏,主要锻炼幼儿的反应能力及全身力量。

（1）安全性

幼儿园配备的东南西北跑应符合《配备规范》中关于东南西北跑的要求,确保材料的安全性。

①内芯为粗弹力绳,外层多色拼接绒布。

②缝合牢固耐用。

（2）游戏性

东南西北跑是一种开放性的游戏材料,常见于与力量比拼有关的户外游戏中,如"搬粮食""对对碰"等。在游戏过程中,教师可根据不同年龄段幼儿的发展目标，创设关于力量比拼的游戏情境，激发幼儿比拼力量的兴趣。

同时，教师可鼓励幼儿根据游戏需求，自主创新多种玩法，如进行亲子游戏、单独游戏、合作游戏等。

（3）使用安全

幼儿在进行东南西北跑游戏时，教师要对场地的状况与东南西北跑的玩法等方面做好准备与提示。

东南西北跑

①使用前，检查东南西北跑材料是否完好无损。

②选择在宽敞、防滑、平整的场地游戏。

③游戏初期，参与游戏的幼儿旁边要安排保护人员。

6. 面条棍、面条棍收纳车

面条棍是一种幼儿园常见的户外玩具，泡沫材质，包括长、短面条棍及搭扣，颜色多样。面条棍游戏，主要锻炼幼儿的上下肢力量、身体协调性，培养集体荣誉感，体验团队精神。

（1）安全性

幼儿园配备的面条棍、面条棍收纳车应符合《配备规范》中关于面条棍及面条棍收纳车的要求，确保材料的安全性。

①制作面条棍的泡沫材质无毒、无味、无害。

②面条棍收纳车与面条棍尺寸适应，底部万向轮带刹车功能。

③面条棍收纳车所有零部件表面光滑、平整。

（2）游戏性

面条棍是一种开放性的游戏材料，幼儿可以利用面条棍进行多种游戏，如"骑小马""抬花轿""放鞭炮""钻山洞"等。教师也可鼓励幼儿根据游戏需求，自主创新多种玩法，例如开展"青蛙跳荷叶""地鼠钻洞"等单人或多人游戏，增强游戏趣味性，锻炼幼儿多种运动能力。

使用面条棍开展不同的游戏

（3）使用安全

①游戏前，检查面条棍是否有损坏或破裂。

②游戏过程中，教导幼儿不将面条棍放入口中或朝向他人投掷。

③游戏过程中，教导幼儿注意保持与同伴间的安全距离。

④面条棍收纳车与幼儿游戏区域保持一定距离，锁定滑轮。

7. 跳跳球

跳跳球是一种民间传统游戏材料，一般由带弹力手拉绳、防滑踏板及防滑手柄组成，有多种颜色。跳跳球主要锻炼幼儿身体的协调性与平衡性。

（1）安全性

幼儿园配备的跳跳球应符合《配备规范》中关于跳跳球的要求，确保跳跳球的安全性。

①跳跳球应有带弹力手拉绳、防滑踏板及防滑手柄。

②跳跳球应为耐磨球体，具有防爆结构。

③跳跳球承重应大于90kg。

（2）游戏性

跳跳球是常见的游戏材料，经常出现在与跳跃有关的户外游戏中。在游戏过程中，教师可鼓励幼儿根据能力水平与游戏需求自主选择玩法，如原地跳、走着跳、转圈跳、比赛跳等，激发幼儿的游戏兴趣。

跳跳球

（3）使用安全

幼儿在进行跳跳球游戏时，教师要对跳跳球场地的状况与跳跳球的玩法等方面做好准备与提示。

①使用前，检查跳跳球是否完好无损。

②选择在空旷、平整的场地进行游戏。

③游戏过程中，教导幼儿注意保持与同伴间的安全距离。

④游戏过程中，重点保护游戏不熟练的幼儿。

8.阻力伞

阻力伞也叫减速伞，由伞体、伞绳以及背带组成。阻力伞常用于幼儿跑步游戏中，有助于提高幼儿的奔跑速度、力量与耐力。

（1）安全性

幼儿园配备的阻力伞应符合《配备规范》中关于阻力伞的要求，确保阻力伞的安全性。

①阻力伞的腰带可调节、耐磨。

②阻力伞应为涤纶面料，牢固耐用。

（2）游戏性

阻力伞是一种开放性的游戏材料，常见于与跑步有关的户外游戏中，如"跑步健将""你追我赶""接力比赛"等。在游戏过程中，教师可根据运动目标，指导幼儿选择不同的佩戴方式，如：进行短跑游戏时，可选择挂腰的佩戴方式；进行腰背力量的游戏时，可选择肩背的佩戴方式。同时，教师可鼓励幼儿根据游戏需求，将阻力伞与其他器械（如小推车、滑板、三轮车等）相结合进行游戏。

阻力伞和玩法

（3）使用安全

幼儿在使用阻力伞游戏时，教师要对阻力伞场地的状况与玩法等方面做好准备与提示。

①使用前，检查阻力伞是否完好无损。

②选择在空旷、平整的场地进行游戏。

③游戏过程中，教导幼儿注意保持与同伴间的安全距离。

9. 呼啦圈、呼啦圈收纳车

呼啦圈一般由塑料或橡胶制成，直径 40cm~60cm，颜色多样，具有轻便美观的特点。呼啦圈玩法丰富，主要锻炼幼儿腰部的力量，发展幼儿动作的协调性和灵活性。

（1）安全性

幼儿园配备的呼啦圈、呼啦圈收纳车应符合《配备规范》中关于呼啦圈及呼啦圈收纳车的要求，确保安全性。

①塑料呼啦圈材质应为食品级塑料。

②呼啦圈整体可触及的表面均应光滑，无明显飞边、棱角和毛刺。

③呼啦圈收纳车大小与呼啦圈尺寸适应，所有零部件表面应光滑、平整。

（2）游戏性

呼啦圈是一种开放性的游戏材料。在游戏中，教师可引导幼儿根据游戏需求自主选择玩法，如个人游戏"转呼啦圈""呼啦圈运球"，两人合作游戏"抛接呼啦圈""双人行动"，集体游戏"圈圈接力赛""一传到底"等，均能够发展幼儿的多种运动能力与身体协调性。同时，教师可鼓励幼儿创造性使用呼啦圈进行游戏，如使用呼啦圈做操，把呼啦圈当作"荷叶"，玩小青蛙跳荷叶的游戏等，发展幼儿的创造性。

呼啦圈和玩法

（3）使用安全

幼儿在使用呼啦圈游戏时，教师要对呼啦圈场地的状况与玩法等方面做好准备与提示。

①使用前，检查呼啦圈是否完好无损。

②选择在空旷、平整的场地进行游戏。

③游戏过程中，教导幼儿注意保持与同伴间的安全距离。

10. 羊角球

羊角球是由PVC[①]材料制成的一种运动器材，具有海绵般的柔软度、车胎般

---

① 英文全称为"Polyvinyl chloride"，中文即聚氯乙烯，指的是世界上产量第三大的合成聚合物塑料。

的抗压性和气球般的高弹力。羊角球主要用于锻炼幼儿的腿部力量,发展身体的协调和平衡能力。

(1) **安全性**

幼儿园配备的羊角球应符合《配备规范》中关于羊角球的要求,确保羊角球的安全性。

①球体直径宜为40cm~60cm,并带有手柄。

②球体最大承重为100kg,并具有防爆结构。

③球体的材质应环保安全,耐脏耐磨。

(2) **游戏性**

羊角球具有坐、骑、跳、拍等玩法。教师可以鼓励幼儿稳坐羊角球,双手抓握羊角球把手,用双脚及上身力量保持平衡;引导幼儿仰躺在羊角球上,凭借四肢着地,保持身体平衡,适当做前后、左右运动;指导幼儿运用羊角球进行跳跃游戏,如按指定路线跳、跳过有高度或宽度的障碍物等。

此外,教师可以鼓励幼儿利用羊角球进行创造性游戏,如滚球、传球、抛接球等,激发幼儿利用羊角球游戏的兴趣。

(3) **使用安全**

幼儿在进行羊角球游戏前,教师要对场地的状况与羊角球的玩法等方面做好准备与提示。

羊角球游戏

①使用前,检查羊角球的气是否充满,羊角球是否富有弹性。

②选择在空旷、平整且地上无尖锐物品的场地进行游戏。

③游戏初期,引导幼儿双手紧握把手,必要时教师可在一旁协助。

④游戏过程中,教导幼儿在前进后退时注意与同伴保持安全距离。

11. 飞盘

飞盘一般是由软塑料或者有支撑性的布质材料制成的，可印有幼儿喜欢的颜色或者图案花纹。飞盘主要用于锻炼幼儿的上下肢肌肉力量、身体的协调性和灵活性。

不同材质的飞盘

（1）安全性

幼儿园配备的飞盘应符合《配备规范》中关于飞盘的要求，确保飞盘的安全性。

①飞盘宜为布制软体结构或软塑料制成，不得使用硬塑料材质。

②飞盘直径宜 20cm~30cm，厚度不小于 1cm。

③飞盘可清洗，确保干净卫生。

（2）游戏性

飞盘玩法多样，教师可鼓励幼儿根据游戏需求自主选择玩法，如平衡游戏"顶飞盘""快走飞盘路"，投掷游戏"飞盘大赛""抛接飞盘"，跳跃游戏"夹飞盘跳""躲避陷阱"等，发挥出飞盘游戏材料更多的价值，锻炼幼儿的多种运动能力。

（3）使用安全

幼儿在进行飞盘游戏时，教师要对飞盘场地的状况与飞盘的玩法等方面做好准备与提示。

①使用前，检查飞盘是否完好无损，是否粘有异物或尖锐物品。

②选择在空旷、平坦、安全的场地进行游戏。

③游戏过程中，教导幼儿不用飞盘击打同伴。

④游戏过程中，引导幼儿注意保持与同伴间的安全距离。

飞盘游戏案例——"飞"常有趣

设计思路

飞盘游戏可以锻炼幼儿的手眼协调、手的抓握以及灵活性，提高手臂的力量。

幼儿初期往往是在自抛自接的操作中感知材料、了解飞盘特性，喜爱上飞盘运动。我们鼓励幼儿探索飞盘的其他玩法，如与同伴在你抛我接中，体验合作抛接飞盘的快乐。我们还鼓励幼儿拓展自主游戏的想法，将飞盘与其他材料组合游戏，如进行掷飞盘计分游戏，或将飞盘与九宫格投网组合游戏，幼儿在游戏中与同伴交流并解决问题，促进其社会性等多领域的协同发展。

幼儿在探索飞盘的玩法时，能够调动其多种创造力。例如：将飞盘当作小盘子、小帽子拿在手上、顶在头上开展平衡游戏，促进幼儿平衡能力和身体协调性的发展；将飞盘夹在腿中间，双脚连续向前跳，提升幼儿的腿部力量；将飞盘摆在地上当作障碍物，形成不同的跑步线路，支持幼儿开展跑步活动，提升幼儿的身体灵活性等。

教育建议

（1）可以通过多种方式鼓励幼儿探索飞盘的玩法，如向同伴介绍飞盘的新玩法，创造更多有趣的游戏方式。

（2）可以选择废旧布料、无纺布、海绵等材料自制飞盘，满足幼儿游戏的需要。

（本案例由北京市西城区三教寺幼儿园提供）

12. 跳袋

跳袋一般是由帆布、牛津布或人造革等制成的配有把手的平底袋子，色彩鲜艳，多有幼儿喜欢的卡通人物。跳袋主要锻炼幼儿的下肢力量和动作的协调能力。

（1）安全性

幼儿园配备的跳袋应符合《配备规范》中关于跳袋的要求，确保跳袋的安全性。

①跳袋为平底袋子，并配有把手。

②跳袋材质结实，宜为帆布、牛津布或人造革等。

（2）游戏性

跳袋常见于与腿部和腰部力量有关的户外游戏中。教师可引导幼儿利用跳袋进行爬行、跳跃、翻滚等游戏，锻炼幼儿的跳跃能力，发展幼儿的反应力与平衡感，增强其身体协调性。在游戏过程中，教师可引导幼儿变换游戏玩法，如曲线跳、障碍跳、追逐跳等，增加游戏的多样性与趣味性。

跳袋游戏

（3）使用安全

幼儿在进行跳袋游戏时，教师要对跳袋场地的状况与跳袋的玩法等方面做好准备与提示。

①使用前，检查跳袋是否完好无损。

②选择在空旷、平整的场地进行游戏。

③游戏过程中，教导幼儿在教师视线范围内玩耍。

④游戏过程中，提示幼儿跳跃时双手握紧跳袋把手。

⑤游戏过程中，教导幼儿注意保持与同伴间的安全距离。

13. 套圈

套圈游戏是一种民间民俗游戏，一般需要用到套圈和套杆。套圈游戏主要锻炼幼儿的上肢力量和动作的协调能力。

套圈

（1）安全性

幼儿园配备的套圈应符合《配备规范》中关于套圈的要求，确保套圈的安全性。

①套圈整体可触及的表面均应光滑，无明显飞边、棱角和毛刺。

②塑料套圈材质应为食品级塑料。

（2）游戏性

套圈游戏是一种投掷套物的传统民俗游戏。教师可以根据不同年龄段幼儿的投掷目标（3—4岁2m左右，4—5岁4m左右，5—6岁5m左右），设定不同远近的目标物位置，发展幼儿的投掷能力。教师可以引导幼儿充分利用生活中的物品进行套圈游戏，如套玩具、套锥桶等；也可以鼓励幼儿自主创新多种套圈游戏，如移动套取目标物、摸高套圈、旋转套圈等，激发幼儿的投掷兴趣。

此外，教师可以引导幼儿利用套圈进行创造性游戏，如"连连看""百变造型"等，充分发挥传统民间游戏材料的价值，发展幼儿的创造性。

（3）使用安全

幼儿在进行套圈游戏时，教师要对套圈场地的状况与套圈的玩法等方面做好准备与提示。

①使用前，检查套圈是否完好无损。

②游戏过程中，教导幼儿不用套圈套住小朋友并进行追逐游戏。

③游戏过程中，教导幼儿在他人进行套圈游戏时不到场地中取圈，避免误伤。

14. 高跷、高跷收纳架

高跷两只为一对，每只高跷配长度可调的握绳。踩高跷是中国传统民俗活动之一，主要锻炼幼儿的身体平衡能力，提高幼儿动作的协调性和灵活性。

（1）安全性

幼儿园配备的高跷、高跷收纳架应符合《配备规范》中关于高跷及高跷收纳架的要求，确保安全性。

①高跷两只为一对，每只高跷配长度可调的握绳。
②高跷游戏应在防滑地面或有防滑垫的地面上进行。
③高跷收纳架应与高跷尺寸适应。
④高跷收纳架所有零部件表面应光滑、平整。

（2）游戏性

高跷游戏具有一定的挑战性，教师可根据幼儿的年龄和动作发展水平，引导幼儿自主选择游戏玩法，如踩高跷自由走、踩高跷按路线走、踩高跷绕桩走、踩高跷比赛等。同时，教师可以引导幼儿借助其他材料增加游戏难度，如踩高跷运物、踩高跷跨障碍走等，增加幼儿对高跷游戏的兴趣。

此外，教师可以鼓励幼儿利用高跷进行创造性游戏，如将高跷变成平衡小路、练习跨跳的小河、运送的货物等，培养幼儿的创造性。

（3）使用安全

幼儿在进行高跷游戏时，教师要对高跷场地的状况与高跷的玩法等方面做好

高跷和玩法

准备与提示。

①使用前,检查高跷是否完好无损。

②游戏前,指导幼儿检查握绳长度是否一致,是否适合幼儿的身高。

③游戏前,检查场地是否防滑,保证幼儿的游戏安全。

④游戏初期,提醒幼儿不踩高跷快跑,防止摔倒。

⑤游戏过程中,提醒幼儿双手拉紧握绳。

15. 空竹

空竹是中国民间传统玩具。幼儿园一般选用环保软胶材质的空竹。空竹游戏一般称为抖空竹,是靠四肢巧妙配合完成的游戏,主要锻炼幼儿的上下肢力量和动作的协调能力。

(1) 安全性

幼儿园配备的空竹应符合《配备规范》中关于空竹的要求,选用环保软胶材质来确保空竹的安全性。

(2) 游戏性

抖空竹具有一定的挑战性。游戏初期,教师可以引导幼儿根据自己的想法自由玩空竹;幼儿熟悉空竹的特点后,教师可以利用抖空竹的基础动作,如起、滑、搓、扯、抖、拉、提等,与幼儿进行表演游戏;幼儿掌握基础动作后,教师可以鼓励幼儿学习某一单个动作,如盘丝、捞月等,增加幼儿对空竹游戏的兴趣。

此外,教师可以引导幼儿利用空竹进行创造性游戏,如建造空竹城堡进行投掷游戏、铺设空竹轨道进行跳跃游戏等,培养幼儿的创造性。

空竹

（3）使用安全

幼儿在进行空竹游戏时，教师要对空竹场地的状况与空竹的玩法等方面做好准备与提示。

①使用前，检查空竹是否完好无损。

②选择在空旷、平整的场地进行游戏。

③游戏过程中，教导幼儿注意保持与同伴间的安全距离，避免因空竹从绳索上脱落，对他人身体造成误伤。

16. 风火轮

风火轮是一种民间传统游戏材料，一般由塑料或金属材质制成。风火轮的推杆一般可伸缩，并带有手柄。风火轮游戏主要锻炼幼儿的上下肢力量和动作的协调能力。

（1）安全性

幼儿园配备的风火轮应符合《配备规范》中关于风火轮的要求，确保风火轮的安全性。

①风火轮的轮为塑料或金属材质。

②风火轮的推杆应带柄、可伸缩。

（2）游戏性

风火轮是一种开放性的游戏材料，常见于与走和跑有关的户外游戏中，如

不同材质的风火轮

"推风火轮""看谁跑得快"等。由于风火轮的特殊性，在游戏过程中，教师可鼓励幼儿根据游戏需求自主创新多种玩法，如"风火轮接力赛""风火轮圆圈舞"等，激发幼儿的游戏兴趣。

此外，教师可鼓励幼儿利用风火轮的轮和推杆，进行创造性游戏，如直接用手推轮进行"滚轮大赛"，用推杆进行"击球游戏"等，培养幼儿的创造性。

（3）使用安全

幼儿在进行风火轮游戏时，教师要对风火轮场地的状况与风火轮的玩法等方面做好准备与提示。

①使用前，检查风火轮是否完好无损，轮和推杆是否匹配。

②选择在空旷、平整的场地进行游戏。

③游戏过程中，教导幼儿不使用风火轮击打周围的人或物品。

④游戏过程中，教导幼儿注意保持与同伴间的安全距离，引导幼儿相互避让。

17. 旱地龙舟

旱地龙舟游戏是龙舟运动的改良版，相比传统的龙舟运动，旱地龙舟游戏则更具灵活性，参与者可在地面通过抬、拉、推等多种方式使龙舟前进。幼儿园开展龙舟游戏时一般选用充气旱地龙舟。旱地龙舟游戏主要锻炼幼儿的上下肢力量和动作的协调性，培养幼儿的合作意识。

（1）安全性

①使用前，检查龙舟是否充满气、无破损、无泄漏。

②使用后，将龙舟存放在干燥通风的地方。

（2）游戏性

旱地龙舟是一项需要团体协作的合作性游戏，常用于竞赛游戏。在游戏过程中，教师可根据不同年龄段幼儿，确定每组游戏的人数及距离。小班可单人游戏，中班可4~6人游戏，大班可6~8人游戏，游戏距离以9m~12m为宜。游戏中可配船桨及相应的服装道具，激发幼儿的游戏兴趣。

此外，教师可在端午节前夕组织幼儿开展龙舟游戏，并鼓励家长参与其中，进行亲子龙舟赛，增加幼儿对龙舟文化的了解。

（3）使用安全

幼儿在进行旱地龙舟游戏时，教师要对游戏场地的状况与游戏的玩法等方面做好准备与提示。

①使用前，检查充气旱地龙舟是否完好无损，龙舟扶手是否牢固。

②选择在空旷、平整的场地进行游戏。

③游戏过程中，教导幼儿要步调一致，如遇同伴摔倒，需立即停止游戏。

④游戏过程中，教导幼儿不在游戏场地内穿梭，避免被龙舟碰撞。

⑤开展徒手旱地龙舟游戏，要保证地垫数量充足、干净。

七、户外骑行区场地玩教具配备要求

《配备规范》的表 3 规定了骑行区玩教具配备的质量标准和数量要求。

（一）推拉车类

《配备规范》的表 3 在"推拉车类"中列出了手推车、幼儿人力车两种器材。

幼儿园的手推车车体一般由塑料制成，轮胎由橡胶或塑料制成，包括独轮小推车、双轮小推车、三轮小推车等。幼儿人力车为黄包车形状，有环保防滑的轮胎。推拉车主要促进幼儿全身肌肉的伸展，尤其对幼儿的腰腹、四肢力量很有锻炼作用。

不同形式的手推车

1. 安全性

幼儿园配备的手推车和幼儿人力车应符合《配备规范》中关于推拉车的要求，确保推拉车的安全性。

①手推车车体宜由环保食品级塑料制成，符合 QB/T 1095 的相关要求。

②手推车轮胎由橡胶或塑料制成。

③幼儿人力车轮胎应为环保防滑轮胎。

④手推车和幼儿人力车的最大承重为 75kg。

⑤手推车和幼儿人力车使用后应及时清洗收纳。

2. 游戏性

手推车和幼儿人力车是幼儿园户外常见的游戏材料。教师可引导幼儿创设情境进行游戏，如"运粮食""拉乘客"等。在游戏过程中，教师可引导幼儿根据游戏需求，充分利用生活中的材料来拓展游戏内容，如利用沙包进行"装备转移"游戏、利用玩偶进行"运送伤员"游戏、利用篮球进行"收西瓜"游戏、利用设置障碍进行 S 形推车走游戏等，增加游戏挑战性，激发幼儿的游戏兴趣。

可以创设情境开展推车游戏

3. 使用安全

幼儿在进行手推车和幼儿人力车游戏时，教师要对游戏场地的状况与推拉车的玩法等方面做好准备与提示。

①使用前，检查手推车和幼儿人力车的轮胎是否顺滑且无损坏、座位上是否有突刺。

②选择在空旷、平整的场地进行游戏。

③游戏过程中，教导幼儿不能用推拉车碰撞小朋友。

④游戏过程中，教导幼儿注意保持与同伴间的安全距离。

（二）脚踏车类

《配备规范》的表3在"脚踏车类"中列出了单人三轮脚踏车、双人三轮脚踏车、多人旋转脚踏车等多种玩具。

1. 单人三轮脚踏车、双人三轮脚踏车、多人旋转脚踏车

脚踏车整体车架为高碳钢管材，把手和轮胎为橡胶材质。单人三轮脚踏车一般长80cm~90cm，宽50cm~60cm，高60cm~70cm，最大承重100kg；双人三轮脚踏车能搭载两名幼儿，最大承重150kg；多人旋转脚踏车由多辆车连成环形，每车最大承重50kg。脚踏车游戏主要提高幼儿的心肺功能，锻炼下肢肌力、平衡能力及协调能力，增强全身耐力。

不同形式的脚踏车

（1）安全性

幼儿园配备的脚踏车应符合《配备规范》中关于脚踏车的要求，确保脚踏车的安全性。

①不应使用有链条的脚踏车。

②脚踏车不应存在任何可触及的危险锐利边缘和尖端。

③脚踏车不应有任何可造成伤害的挤夹点，骑车者在任何骑行位置时，任何可能触及的活动部分（例如：轮子与泥板之间、实体结构的轮辐内的孔隙）均应小于 5mm 或大于 12mm。

④用于防护外露突出物的防护罩帽，应能承受 70N 拉力而不脱落。

⑤其他应符合 GB 14747 的相关要求。

（2）游戏性

脚踏车是幼儿园常见的户外游戏器材。教师可引导幼儿根据脚踏车的不同类型，自由选择单人游戏、双人游戏或多人游戏。在游戏过程中，教师可鼓励幼儿将交通规则融入游戏，如：设置小警察指挥交通；设置红绿灯，引导幼儿按照交通规则行驶，红灯停、绿灯行；增设左转、右转、掉头、禁停等交通标志，引导幼儿认识并了解常见交通标志的含义，在游戏中丰富幼儿的安全常识。

骑行游戏

（3）使用安全

①教师在幼儿骑行前要做好安全提示：不在人多拥挤、狭窄的地方骑行，骑行速度不宜过快，前方有人或障碍物时应及时停车或绕开。

②选择在空旷、平整的场地进行游戏。

③游戏过程中，教师要关注车轮的灵活度，防止车辆老化、损坏、生锈导致卡轮现象。

④游戏过程中，教师要教导幼儿不能超载。

2. 四轮滑行车、三轮滑板车及儿童平衡踩踏车

四轮滑行车、三轮滑板车和儿童平衡踩踏车均属于脚踏车，是户外骑行区的游戏器材。四轮滑行车和儿童平衡踩踏车的整体车架为高碳钢管材，把手和轮胎为橡胶材质。三轮滑板车由车架、车把、站立板、三个轮胎组成。四轮滑行车、三轮滑板车和儿童平衡踩踏车游戏，主要提高幼儿的心肺功能，锻炼下肢肌力、平衡能力及协调能力，增强全身耐力。

多种类型的脚踏车

（1）安全性

幼儿园配备的四轮滑行车、三轮滑板车和儿童平衡踩踏车应符合《配备规范》中关于四轮滑行车、三轮滑板车和儿童平衡踩踏车的要求，确保脚踏车的安全性。

①脚踏车最大承重100kg。

②脚踏车不应存在任何可触及的危险锐利边缘和尖端。

③脚踏车不应有任何可造成伤害的挤夹点，任何可能触及的活动部分均应小于5mm或大于12mm。

④四轮滑行车宜有顶棚。

⑤三轮滑板车用于防护外露突出物的防护罩帽，应能承受70N拉力而不脱落。

⑥儿童平衡踩踏车为铁质，橡胶轮胎，把手包橡胶，金属架应喷漆，漆面光

滑,无脱落。

（2）游戏性

四轮滑行车有出租车、消防车、警车、救护车等多种样式,教师可根据车辆的样式,引导幼儿开展户外角色扮演游戏,如"我是出租车小司机""救援队,出发！""小警察在行动"等,激发幼儿的游戏兴趣。

三轮滑板车和儿童平衡踩踏车可结合户外材料增加游戏挑战性,如开展"躲避障碍物""滑行比赛""小小快递员""S形滑行"等游戏,培养幼儿的创造性。

（3）使用安全

幼儿在使用四轮滑行车、三轮滑板车和儿童平衡踩踏车进行游戏时,教师要对游戏场地的状况与四轮滑行车、三轮滑板车和儿童平衡踩踏车的玩法等方面做好准备与提示。

①使用前,检查车辆是否完好无损。

②选择在空旷、平整的场地进行游戏。

③游戏过程中,教导幼儿注意保持与同伴间的安全距离。

④游戏过程中,教导幼儿控制滑行速度,不宜过快。

3. 户外单车棚

户外单车棚用于存放儿童车辆,具有防雨抗风、美观的特点,车棚内设有停车车位。

（1）安全性

户外单车棚的设计应注重安全性,确保不会有潜在的安全隐患。

①适应性：单车棚的设计应适应幼儿园的日常使用需求,可根据需要设计不同功能的棚区,车棚内设置明显的车位标识或可摆放车辆的地架。

②教育性：车棚设计可以融入教育元素,如介绍环保、交通安全等方面的内容,使幼儿在生活中自然地丰富相关的知识经验。

③美观性：户外单车棚作为幼儿园环境的一部分,应与幼儿园的整体环境相协调、造型美观。幼儿可自主创意装饰车棚。

④环保性：户外单车棚应由环保材料搭建。

总之，在搭建户外单车棚时，应充分考虑幼儿园的实际情况和幼儿的使用需求，为幼儿提供一个安全、舒适、有趣的户外活动环境。

（2）使用安全

①在幼儿使用车棚时，教师需陪同、指导幼儿取放车辆。

②车棚内应保持整洁，禁止堆放杂物，避免影响车棚正常使用。

③车棚内定期清洁消毒，保证卫生安全。

小车道路骑行案例——乐在"骑"中

设计思考

骑小车是幼儿喜爱的户外运动之一。我园根据户外大树下的活动空间，合理规划，围绕大树设置方形循环骑行道路。通过模拟社会道路与出行，为小车骑行游戏增设游戏情境。

我园在道路线的一旁，设置停车场区域。停车场车位停放不同类型的小车。幼儿可根据自己的喜好，选择不同的骑行车辆（如三轮车、四轮车等）。

为了更好地模拟城市道路的行车环境，场地还添设了交通标志牌。幼儿通过对路线、交通标志的了解，建立骑行游戏的规则秩序，还动手设计专属的交通爱心提示牌。

孩子们可以根据自己的选择，体验司机、乘客、交警、加油管理员等不同角色。孩子们将真实的已有经验与丰富的想象力结合。一方面提升骑小车游戏的趣味性，增强幼儿间的游戏互动与沟通表达；另一方面提高幼儿对交通规则、有序骑行的认识，帮助幼儿初步形成社会规则意识。

在骑行游戏中，幼儿可以锻炼身体上下肢的协调性，提高手臂握把能力和对车辆方向的控制能力。在道路中骑行,有助于幼儿提升观察和判断能力。

教育建议

(1)引导幼儿了解游戏场地的设置,认识常见的道路地面标识和交通指示标志。鼓励幼儿设计专属的标志,用简单的符号或图画进行表征。

(2)通过游戏的方式,引导幼儿有序骑行、安全驾驶,遵守交通规则。

(3)根据幼儿在骑行游戏中出现的问题,不断丰富游戏内容。如:车辆靠得太近,发生碰撞时,可以生成"小小驾校"游戏。教师可与幼儿共同讨论如何避免碰撞、驾驶员在行驶中应该注意哪些方面等。

(本案例由北京市西城区三教寺幼儿园提供)

八、户外沙水区场地玩教具配备要求

《配备规范》的表4规定了户外沙水区玩教具配备的质量标准和数量要求。

（一）玩沙类

《配备规范》的表4在"玩沙类"中列出了玩沙工具、玩沙工具收纳筐、玩沙玩具等游戏材料。

沙子，指细小的石粒，是天然形成的，含有多种矿物质。玩沙工具包括但不限于用于挖掘、装运、过滤的基础材料（沙铲、沙耙、漏斗、沙筛、沙水桶、沙车等），用于科学探究的管道类材料（透明细圆直管、支架管、多孔板等），用于丰富活动场景的模型建构材料（圆柱体模型、长方体模型、四棱锥模型、四棱台模型等）。玩沙玩具包括但不限于多功能玩沙墙、玩沙漏斗、玩沙滑滑乐、玩沙摩天轮、趣味玩沙天平等。幼儿在玩沙游戏中主要锻炼手部小肌肉精细动作和手眼协调能力，认识和体验沙的特点，学习使用工具，与伙伴共同游戏，发展想象与创造的能力。

1. 安全性

幼儿园配备的玩沙工具、玩沙工具收纳筐、玩沙玩具应符合《配备规范》中的相关要求，确保幼儿玩沙的安全性。

①玩沙工具的材质宜采用食品级塑料。

②玩沙玩具中的木制产品应无霉变、虫眼、死节、树脂漏（明子）、明显的变形，含水率不高于18%。塑料制品宜采用食品级塑料。

③玩沙玩具的装配应平整、牢固，错位应不大于1.5mm，活动部位应灵活。

④玩沙玩具产品外表和内表以及儿童手指可触及处无毛刺及尖锐的棱角。

⑤玩沙工具收纳筐结实耐用，无尖锐棱角。

⑥所提供的沙子应提前过滤筛选，无杂质。

2. 游戏性

沙子是一种开放性的游戏材料，可塑性强。教师可引导幼儿通过挖、堆、翻、筛、压等方法进行自由探索，也可引导幼儿利用玩沙工具或玩沙玩具进行单人或多人游戏，如"沙子走迷宫""挖沙考古""沙地作画""垒沙堡""沙子大挪移"等游戏，感知沙子的特性。

玩沙

3. 使用安全

幼儿在进行玩沙游戏时，教师要对沙子、玩沙工具、玩沙玩具的状况及玩沙要求等方面做好检查与提示。

①游戏前，检查沙子是否干净。

②游戏前，检查玩沙工具、玩沙玩具是否完好无损。

③游戏过程中，教导幼儿不扬沙，避免沙子入眼。

④游戏过程中，教导幼儿不使用玩沙工具和玩沙玩具击打小朋友。

户外玩沙案例——探"沙"寻趣

设计思考

我园将沙池选址在大型拓展游戏区下方,毗邻戏水池,解决了沙区的遮阳问题,为拓展游戏区提供了又一层"安全屏障",同时可以支持幼儿进行观察、沙水探究、运动等多种户外游戏。沙池一侧向阳,一侧背风,以免沙子被风扬起,强烈的日晒还能起到一定的消毒作用。沙池整体呈自然曲线形,边框为圆角,不仅可以遮拦沙水,高度也方便幼儿跨越。除了材质、触感不同的黄沙、海沙之外,我们还根据幼儿的游戏需求投放了各种玩沙的工具,例如:铲子、沙漏、小车、小桶、造型模具、多类型竹筒、可移动的压水机;生活中常见的铁锅、灶台等废旧厨房工具;保证幼儿生活护理的罩衣、小雨靴、防水套袖等。同时,我们为幼儿提供了各种收纳工具,为幼儿创造了丰富的玩沙环境。在玩沙的过程中,幼儿可以接触不同质地的沙子,丰富的材料促使幼儿发明了不同的玩沙游戏,感受到自我控制的乐趣,促进触觉系统的发展,提高安全感和自信心，进一步发展对空间关系的认识能力，感知和理解事物量的特征。在处理游戏中与同伴的冲突、分享、合作等问题时，幼儿的沟通技巧和社交能力也得到了发展。

教育建议

（1）可以在沙子里埋放各种"宝藏"（如贝壳、海螺、鹅卵石），使幼儿在游戏的过程中体验沙池寻宝的乐趣。

（2）随时注意观察并定期检视沙池的清洁度与安全性，确保沙池中无尖锐异物。在游戏前做好必要的安全与常规教育，例如：玩沙时不扬沙，不用玩沙的手揉眼睛，游戏结束后把用具收拾归位等。

（本案例由北京市大兴区庞各庄第二幼儿园提供）

（二）玩水类

《配备规范》的表4在"玩水类"中列出了玩水工具、玩水工具收纳筐、玩水玩具、雨鞋、防沙防水衣等游戏材料。

水是一种无色无味的透明液体。玩水工具包括但不限于水桶、喷水器、喷壶、多孔板，多种透明细圆直管、多孔透明直管、透明软管、剖面直管，多种装水盛水的瓶子、勺子，可做捞装工具的小网等。玩水玩具包括但不限于喷水枪、软体海绵、感知沉浮的玩具等。另外，还需要提供雨鞋［尺码（中国鞋号S）130~200，内长13cm~19.5cm］、防沙防水衣等。玩水游戏主要锻炼幼儿的手部小肌肉精细动作和手眼协调能力，认识和体验水的特点，学习使用工具，与伙伴共同游戏，发展想象与创造的能力。

1. 安全性

幼儿园配备的玩水工具和玩水玩具等应符合《配备规范》中的相关要求，确保幼儿玩水的安全性。

①玩水工具和玩水玩具的材质宜采用食品级塑料。
②玩水工具收纳筐应结实耐用。
③玩水玩具的装配应平整、牢固，错位应不大于 1.5mm，活动部位应灵活。
④玩水玩具产品外表和内表以及儿童手指可触及处无毛刺及尖锐的棱角。
⑤雨鞋鞋面厚度应 ≥ 1mm，其他应符合 HG/T 2020 的相关要求。
⑥防沙防水衣应透气舒适，方便幼儿穿着，易清洗。
⑦水应采用无污染的水源，盛放水的容器应干净并定期清洗消毒。

2. 游戏性

水是一种开放性的游戏材料，适合幼儿夏天在户外进行游戏。在游戏过程中，教师可以引导幼儿利用玩水工具和玩水玩具自主探索水的多种玩法，也可以根据幼儿的年龄特点，引导幼儿创设游戏情境进行游戏。例如：小班开展"小猫钓鱼""画水画"等游戏，中大班结合体育运动开展"打水战""水球炸弹""运水接力赛"等游戏，感受水的特性。

3. 使用安全

幼儿在进行玩水游戏时，教师要对水、玩水工具和玩水玩具的状况等各方面做好检查与提示。
①游戏前，检查水是否干净。
②游戏前，检查玩水工具和玩水玩具是否完好无损。
③游戏过程中，教导幼儿不使用玩水工具和玩水玩具击打小朋友。
④使用雨鞋和防沙防水衣前，检查是否干净清洁。

户外玩水案例——夏日戏水乐悠悠

设计思考

幼儿园夏天可利用户外场地，通过搭建泳池、放置喷水器等方式，为幼儿创建一

个"戏水乐园"。在场地选择上应注意：空间开阔，便于幼儿跑动和嬉戏；有阳光照射，确保水温适宜；地面平坦且具有吸水性，减少安全隐患。

"戏水乐园"应由泳池、玩水器材和辅助工具三部分组成。首先是泳池。园所可选择充气泳池或运用防水布、椅子等材料搭建泳池。需注意，泳池边沿不宜过高，泳池内部以及周边地面应采取防滑措施，蓄水高度 15cm~18cm 为宜。其次是玩水器材。教师可与幼儿商议准备水枪、喷水器、胶皮水管、水气球、水盆、充气玩具等多种材料，支持其获得更多感官刺激和探索经验。最后是辅助工具，包括雨衣、雨鞋、速干毛巾、备用衣物等防护用品。可在场地边缘设置"换衣区"，供幼儿更换雨衣、雨鞋。速干毛巾和备用衣物可由幼儿自备，待游戏结束后使用，避免着凉。此外，园所可为幼儿提供红糖水，使其快速恢复身体热量。

游戏后，教师可为幼儿提供扫把、抹布、长夹子、垃圾袋等工具，鼓励幼儿进行泳池清洁和器材整理，进而增强幼儿的劳动意识和秩序感，提升其交往能力和合作互助水平。

教育建议

（1）当幼儿用水枪、水气球、水盆等材料进行"打水仗游戏"时，教师应尊重幼儿的意愿并做好安全提示，例如：向他人泼水时，只能瞄准腿部和脚部，避免误伤眼睛和耳朵。

（2）当幼儿在游戏中发现"水盆会漂浮"并产生兴趣时，教师可提供海绵、木块、铁球等材料，鼓励幼儿探索沉浮的奥秘。教师还可提供塑料袋，引导幼儿向其中灌水并扎紧袋口,左右晃动感知水的流动性;提供冰块、布料、纸张等,使幼儿获得对溶解、渗透等现象的直接经验。

(3)当幼儿在水中行走并产生"为什么在水里和在地上走路感觉不一样"的疑问时,教师可利用该契机,通过游戏的方式帮助幼儿感知水的阻力,例如:增加在水中的行动频率,锻炼幼儿的肌肉力量和平衡感。

(本案例由北京市西城区三教寺幼儿园提供)

户外玩水案例——趣味玩水

设计思考

我园根据水的流动性,以及水向低处流的特点,设置玩水区。幼儿通过操作水车压水,将多种透明的、不同样式的管道、转换头进行创意拼搭,以多孔鱼板作为支撑,利用水车、水桶、喷水器、水轮等辅助材料,探索水流动的特性。

在玩水区,幼儿不仅能观察小球和纸船等物体的沉浮、流动等现象,开展科学类探索活动,还可以利用玩水装置灌溉小菜园的土地,与种植活动区互联互动。通过玩水活动,幼儿既可以促进手部小肌肉精细动作和手眼协调能力的发展,又可以锻炼逻辑思维和解决问题的能力,还可以提升合作分工、倾听与表达等社会交往能力。

教育建议

(1)教师可以利用玩水游戏,引导幼儿进行关于水的科学实验,如水的张力实验、沉浮小实验、变色的水、彩虹泡泡龙、冻冰花、扎不破的水袋等。幼儿在游戏体验中感受和发现水的特点,如水的流动性、水的张力、水中沉浮、水循环的三形态等,激发探索水的兴趣。

（2）教师可以和幼儿一起开展关于水的合作游戏，如运水接力赛、水球大战、水的调运等。通过小组和集体游戏，幼儿能够体验分工合作游戏的乐趣，促进社会交往能力的发展。

（本案例由北京市大兴区第七幼儿园提供）

九、户外种植养殖区场地玩教具配备要求

《配备规范》的表5规定了种植养殖区玩教具配备的质量标准和数量要求。

种植和养殖活动可以使幼儿亲历、探索和发现动植物的生长过程，促进幼儿观察力、想象力、思维力的发展，培养幼儿的责任感和爱劳动的习惯，萌发幼儿热爱大自然的情感。

种植活动一般需要箱体侧边具有透明窗的种植箱、种植工具和种植肥料。种植工具包括：劳动工具，小铲、小耙、小叉、小筐、水桶、水勺、喷水壶等；探究工具，放大镜、布卷尺、手提吊秤等；保养工具，抹布、刷子、工具收纳袋等。

养殖活动一般需要准备宠物小屋，包括小屋、喂食工具、清扫工具、观察记录板等。

1. 安全性

幼儿园配备的种植和养殖材料应符合《配备规范》中的相关要求，确保种植和养殖的安全性。

①箱体应环保耐用。

②种植箱、宠物小屋不应有危险锐利边缘及危险锐利尖端，棱角及边缘部位应经倒圆或倒角处理，不应有危险突出物。

③箱体放置位置适宜，周边留出2名幼儿能同时出入的空间，便于幼儿观察与操作。

④种植工具中的塑料制品宜为食品级塑料。

⑤种植工具的收纳或摆放，安全且高度适宜，利于幼儿取放。

⑥种植肥料应环保无毒无害，可自制。

2. 游戏性

种植和养殖是幼儿亲近自然、满足兴趣的活动方式。教师可以鼓励幼儿种植和养殖自己喜欢的动植物，引导幼儿利用种植工具或养殖工具进行一系列活动，包括：照顾护理，如喂食、清理粪便、浇水、松土、修剪枝叶等；观察记录，如观察动植物的外形特征、生活习性、生长过程等；对比分析，如比较不同豆子的发芽时间、分析动物与植物的关系等，学习种植和养殖的方法，了解动植物的生长变化及与环境之间的关系。

此外，教师可以引导幼儿观察比较、探索尝试各种劳动工具的使用方法和功能特点，如放大镜可以用来观察小动物或者叶子的细节、剪刀可以用来修剪枝叶、喷壶可以用来给小植物浇水、铁铲可以用来松土等，增加幼儿对劳动工具的认识。

种植园里趣味多

3. 使用安全

幼儿在进行种植和养殖活动时，教师要对种植和养殖的位置、种植和养殖的方法与要求做好准备与提示。

①使用种植工具和养殖工具前，检查是否完好无损。

②选择幼儿园内空土地开展种植和养殖活动。

③过程中，教导幼儿按照正确的方法使用种植和养殖工具。

④过程中，教导幼儿不用工具击打动植物和小朋友。

⑤养殖小鸡、小鸭、兔子等动物时，教导幼儿注意保持与动物间的安全距离。

⑥喂养小动物时，教导幼儿运用正确的方法给小动物喂食、清理。

⑦小动物的喂食工具与清扫工具分类收放。

十、户外涂鸦区场地玩教具配备要求

《配备规范》的表 6 规定了涂鸦区玩教具配备的质量标准和数量要求。

户外涂鸦活动是一种艺术活动，户外涂鸦区是供幼儿开展自由绘画、体验创造的户外活动区域。涂鸦活动一般需要配备户外涂鸦墙、户外透明画架、滚轮刷、水彩笔、水粉笔、防污罩衣等。涂鸦活动主要锻炼幼儿手的动作灵活协调，激发创造力，丰富艺术知识、技能，促进情感、社会性、认知和身体能力的发展。

1. 安全性

幼儿园配备的涂鸦活动材料应符合《配备规范》中关于涂鸦活动的要求，确保涂鸦活动场地及材料的安全性。

①户外涂鸦墙宜采用木质或金属材质，采用木质结构的涂鸦墙、户外透明画架应符合 GB 28007 的相关要求。

②户外涂鸦墙的墙面应防水，具有耐候性。

③户外涂鸦墙的表面应覆涂鸦墙贴，墙贴粘贴牢固，可反复擦拭。

④户外涂鸦墙、户外透明画架应结构稳固，不易倾倒。

⑤户外涂鸦墙、户外透明画架不应有危险锐利边缘及危险锐利尖端，棱角及边缘部位应经倒圆或倒角处理，不应有危险突出物。

⑥户外透明画架的透明面板易于清洗，便于循环利用。

⑦水彩笔应出水流畅，色泽均匀，可水洗，带收纳盒。

⑧水粉笔应可水洗，带收纳盒。

⑨防污罩衣应透气舒适，方便幼儿穿着，易清洗。

2. 游戏性

涂鸦活动是一种开放性的游戏活动，常见于与绘画、写生有关的户外游戏中，如"画一画我们的幼儿园""绘画我们的影子""幼儿园树木写生"等。在游戏过程中，教师可根据不同年龄段幼儿的绘画目标（3—4岁，能用笔涂涂画画；4—5岁，能沿边线较直地画出简单图形；5—6岁，能根据需要画出图形，线条基本平滑），创设涂鸦主题，激发幼儿对户外涂鸦的兴趣。

3. 使用安全

幼儿在进行涂鸦活动时，教师要对涂鸦场地、涂鸦工具、涂鸦中的规则要求等方面做好准备与提示。

①活动前，检查户外涂鸦墙和户外透明画架是否有危险锐利边缘及危险锐利尖端，是否有危险突出物。

②活动前，检查画架结构是否稳固，不易倾倒。

③游戏过程中，教导幼儿不在涂鸦墙外及小朋友的身上、脸上涂画。

④游戏过程中，教导幼儿不用画笔伤害小朋友，不将画笔等绘画工具和颜料放入口中。

户外涂鸦区案例——拓展户外场地功能，为孩子提供户外涂鸦创意空间

设计思考

我园精心为幼儿设计了户外涂鸦活动，旨在让他们获得创意丰富、亲近自然的涂鸦体验，为他们提供亲近自然、释放压力、发挥创造力的机会。我们巧妙地利用了雨水管道和塑料薄膜，将原本未被充分利用的空间转化为具有艺术性的户外绘画空间。这种设计旨在激发幼儿的创造力，让他们有机会以独特的方式来表达自己的想法和情

十、户外涂鸦区场地玩教具配备要求 ● 175

感,同时鼓励他们与自然环境互动。

教育建议

(1)主题涂鸦课程:可以设计主题涂鸦课程,让幼儿的涂鸦与特定主题(如四季、动物、自然景观等)相关联,有助于引发幼儿的创造性思维。

(2)自然观察:在涂鸦活动中,可以鼓励和支持幼儿观察周围的自然环境(如树木、花草、小动物等),并将这些观察融入他们的涂鸦,培养他们的环保意识。

(3)团队合作:让幼儿一起合作创作大型涂鸦作品,有助于发展幼儿的团队合作和社交技能。

(4)在涂鸦墙的周围可设置一些简单的座椅和小桌子,为孩子们提供一个休息和观赏的空间。这些地方也能成为孩子们开展涂鸦活动的操作空间。

(5)结合自然元素:在涂鸦区周围种植植物或增添自然元素,让孩子们更好地了解自然和观察自然。例如,可以种植一些季节性的植物,让孩子们观察它们的生长变化,并将这种变化表征在涂鸦中。

(6)提供多元化的材料:除了传统的涂鸦材料外,还可以提供一些其他的材料(如沙子、泥土、石头等)。这些材料可以让孩子们尝试不同的创作方式和表达方式。

(本案例由北京市西城区教育研修学院附属幼儿园提供)

十一、自制户外玩教具

幼儿园宜根据户外游戏的实际需要设计和自制户外玩教具。自制的户外玩教具宜具有教育性、科学性、创新性、实用性、趣味性、简易性、安全性、特色性、环保性。

1. 安全性

自制户外玩教具的安全性要求应符合 GB 6675、GB/T 34272 的规定。自制户外玩教具在设计、制作和材料选用等方面应避免对幼儿造成伤害。自制的户外玩教具应符合以下要求。

①不应危及人身健康和生命财产安全,不应造成污染,不应有害于动植物保护、文物保护等。

②应选用安全无毒、易于清洗的原材料,不应使用泡沫塑料及包装材料作为玩教具,不应使用工业、医疗废旧物品。

A. 自制玩教具所选用的材料要洁净、无污染、无异味,不能含有毒物质,在"安全性"方面的评价应当参照国家关于玩教具的安全卫生标准,确保在材料的使用、操作方法等方面不会对幼儿身心造成伤害,应当有利于环境保护和可持续发展。比如,玩教具上的塑料泡沫及包装材料可燃点低,工业和医疗废旧物品往往很不卫生,且含有毒物质,这些都不应作为玩教具的制作材料。

B. 根据玩教具制作的需要,选择安全材料,例如饮料瓶、废旧衣服、纸箱、PVC 管、轮胎等。所选材料不能含有毒物质、有害气味,应易于清洗与消毒。

C. 材料符合安全卫生需求，以免儿童在和玩具的接触中传染疾病。在材料的收集过程中，要尽量选择家庭中自己使用过的材料，这样相对安全一些。

D. 材料进行分类消毒处理后再利用。例如：纸箱制品应当曝晒消毒；塑料制品应当用84消毒液浸泡消毒；鸡蛋托盘、树枝等材料应该喷洒消毒。幼儿园还应建立废旧材料消毒登记簿，定期检查，发挥监督作用，确保操作材料的安全。

③玩教具整体应结实，各部分连接要牢固，底座要稳固。

在玩教具制作过程中，应注意每个部分的连接处要牢固，保证玩教具结实耐用。在幼儿游戏过程中，不应出现掉落、破损、脱落等现象。大型落地玩教具，更要注重底座的安全性与稳固性，保证幼儿游戏中的安全。

A. 教师应注意检查玩教具（尤其是乘坐类玩教具）的结构是否牢固，重心是否稳定，以防使用过程中发生断裂、脱落等突发故障而伤及儿童。

B. 填充类大型玩教具应采用质量好的填充材料和连接材料，选用缝制、强力胶粘、焊接等方式进行连接，连接牢固。避免因材料破裂、断裂等造成伤害。大型自制玩教具要确保材料牢固、结实，底座有一定重量且稳固。

④玩教具上如果存在小零件，应在成人监护下使用。

玩教具上的小零件容易被儿童误食而造成窒息。3岁以下儿童使用的玩教具不应含有小零件，3岁以上儿童使用的玩教具允许含有小零件，但应在玩教具的外包装上或显著部位标有明显的警示标志，并且儿童应在教师的陪同下使用，避免出现安全问题。

⑤不应使用粮食、较强磁体作为玩教具。

A. 不能使用粮食自制玩教具，避免儿童放进鼻孔、耳孔等身体孔口造成危险。

B. 将磁铁类自制玩教具直接给儿童操作时需格外慎重。较强磁体的直接对吸可能会引发夹伤，特别是钕铁硼强力磁铁和大型磁铁，应避免使用此类磁铁制作玩教具。同时，应特别注意避免磁铁由口进入身体内造成伤害。

⑥玩教具上尖棱边角要磨圆或包边，使用铁丝、电线的，其端部应弯折、包裹。

玩教具表面应光滑，没有尖角，以防止刺伤幼儿。坚硬的玩教具材料不能有破裂，不能有棱角，以防止划伤、刮伤、擦伤幼儿。在进行玩教具加固和捆绑的过程中，尽量选择使用软绳操作，在必须使用铁丝等硬质材料时，要注意将剩余部分剪短、弯折，或用软布和海绵等进行包裹。

2. 游戏性

自制玩教具应符合幼儿的年龄特点、身心特点和游戏需求。教师可根据实际需要，自制不同的玩教具，引导幼儿进行自主探究游戏、角色扮演游戏等。

以下列举了自制户外玩教具的材料和玩法。

【趣味投掷】

可利用压膜图片、小呼啦圈或废旧铁桶，装饰出可爱的卡通形象，借助墙面或围栏，自制投掷框架并放置在高度不同的位置。教师可创设"喂小动物"的情境，引导幼儿利用沙包进行投掷，感受投掷的乐趣。

【沙包】

利用不同材质的布，在里面塞进不同种类的物品（如碎布、荞麦壳、棉花），缝制出材质不同、大小不同、重量不同的沙包。鼓励幼儿进行抛接、掷远等游戏，也可借助其他辅助材料进行创造性游戏。

【背包】

利用废旧牛仔布、两根松紧带，缝制出不同造型的卡通背包，供幼儿背在身上进行游戏。过程中，可鼓励幼儿背包在平衡木、石子路、梅花桩等不同的玩具材料上进行平衡走。

【飞盘】

利用布、榻榻米、软垫等材料，自制成玩具飞盘。鼓励幼儿进行投掷、抛接等游戏。

【尾巴】

利用布、松紧带、棉花等材料，自制成小动物的尾巴。鼓励幼儿将松紧带套在身体上，扮演小动物，进行追逐跑、四散跑等游戏。

【方向盘】

利用不同材质的布、棉花，制作成大小不同、样式不同的方向盘。幼儿可运用方向盘进行抛接、传递或各种角色扮演游戏。

【颠颠乐】

利用呼啦圈、布、绳子等多种材料，制作成颠颠乐。幼儿可利用沙包或不同材质的小球进行自主或同伴创意游戏。

【舞狮】

利用布、草裙、大盆，自制舞狮玩具。幼儿手举狮头，可进行单人舞狮游戏或合作舞狮游戏。过程中，可配合音乐，引导幼儿控制上下肢协调摆动。

【舞龙】

利用木棍、油桶、布等多种材料，自制舞龙玩具。幼儿可手持木棍，合作进行舞龙游戏。多名幼儿合作游戏时，鼓励幼儿双手举起舞龙棍，组合走或跑，并配合鼓点节奏有规律地舞动。

【拉力器】

利用松紧带、无纺布缝制不同造型，自制拉力器。拉绳的松紧度、长短、软硬可有所不同，满足不同幼儿基于不同臂长和臂力产生的游戏需求。鼓励幼儿双手握住拉力器两端，用力伸展双臂。

【投投乐】

利用不同大小、高矮的纸箱（纸箱高度可分为120cm、100cm、80cm），自制不同造型的布包，可创设游戏情境，鼓励幼儿自主或与同伴进行投掷、投篮等游戏。过程中，根据幼儿能力水平调整目标物的远近。

【愤怒的小鸟】

利用不同材质的布、棉花等，缝制不同大小、形态、重量的卡通沙包或布包，创设"愤怒的小鸟"游戏情境。鼓励幼儿尝试不同轻重、质地的投掷物，发展幼儿上臂的肌肉力量。过程中，根据幼儿实际水平与游戏需求，可以设置不同关卡和情节，引导幼儿尝试多种材料，感受投掷游戏的乐趣。

【跨栏】

利用不同高矮、大小的油桶和木棍，自制跨栏。跨栏高度可分为30cm、40cm、50cm。教师可以根据幼儿的实际能力水平和游戏内容，设置跨栏的高度、距离，使游戏充满挑战与乐趣。

【飞碟】

利用洗涤灵瓶自制飞碟，既可以作为户外体育玩具，又可以作为科学探究材料。支持幼儿进行抛、接等自主游戏，引导幼儿在游戏中感受影响飞碟下落速度的因素。

【投掷圈】

利用不同大小的呼啦圈和尼龙绳，自制投掷玩具。鼓励幼儿根据圈口的大小，选择相应的沙包进行投掷。投掷圈固定时，可进行掷准游戏；投掷圈放置较远时，可进行掷远游戏；投掷圈摇摆时，提高投掷难度，增加挑战性。

【降落伞】

利用不同材质的布料、棉花、松紧带自制降落伞。幼儿可在户外进行向上抛接、从高处向下扔等自主探究游戏。

【做操器械】

利用废旧筷子、废旧饮料瓶、不同材质的布和棉花等，自制幼儿做操器械。器械大小适合幼儿手握即可。这些做操器械除了做操时使用之外，也可以当作日常游戏材料。

【不倒翁】

利用充气玩具、各种材质的布，自制不倒翁。可以制作不同大小、高矮的不倒翁。鼓励幼儿在摇摆、击打不倒翁的过程中进行自主探究。

【跳跳乐】

利用塑料草坪、脚印、手印设计不同图案的跳跳乐游戏毯。建议草坪宽50cm，长100cm~150cm。幼儿可按照图案，进行对应游戏，也可根据脚印、手印创设不同难度的组合玩法。跳跳乐游戏毯可作为单独或小组游戏材料，在竞赛及日常游戏中均可使用。

【大鞋】

利用油桶和绳子，制作大鞋。幼儿可以穿大鞋进行自由平衡走游戏，也可以进行小组游戏、竞赛游戏或障碍游戏，增强趣味性。

【高跷】

利用木棍，自制不同高矮、粗细的高跷，高跷上可以结合长颈鹿的斑纹进行装饰。幼儿可以自主探索高跷的多种玩法，也可以创设情境进行走高跷游戏，锻炼身体平衡性。

【轿子】

利用不同材质的布、棉花、木棍、纸箱，自制各种卡通轿子。幼儿可以自主创造游戏情节，创设游戏情境，与同伴合作进行抬、搬、运游戏。

【拱形门】

利用铁丝、不同材质的布和棉花等材料，自制卡通拱形门。幼儿可根据游戏情节创意使用拱形门，体验拱形门的多种玩法。

【划龙舟】

利用木头、轮胎，自制龙舟造型的玩具。幼儿可进行划龙舟竞赛游戏，锻炼上肢力量，体验合作和竞争游戏的乐趣。

【门球】

利用废旧塑料棍、纸箱、报纸等材料，自制门球玩具。幼儿可进行单人门球游戏或小组门球比赛。

【撕名牌、拽尾巴】

利用废旧衣物、布料、粘扣，自制撕名牌游戏材料或拽尾巴游戏材料。幼儿可分组进行撕名牌游戏、拽尾巴游戏，也可利用游戏材料自主创意玩法。

【踢踢乐】

利用不同材质的布、棉花、绳子等材料，自制踢踢乐。幼儿可手拉绳子，用脚进行踢包游戏，也可利用游戏材料自主创意玩法。

【标枪】

利用不同高矮、大小、宽窄的纸箱以及PVC管制作标枪。幼儿可进行单人或小组投掷标枪的游戏。游戏场地可根据幼儿实际能力水平调整。

【打地鼠】

在废旧窗帘、床单上剪裁出大小不同的洞，制作打地鼠游戏材料。配上充气锤、贴有数字的安全帽，幼儿可进行打地鼠游戏。幼儿也可以利用材料自主创意游戏玩法。

【小桶背包】

利用不同材质的布、松紧带、垃圾桶，自制小桶背包。幼儿可以根据游戏情节与同伴一起自主创意游戏玩法。

【投高掷准】

利用不锈钢锅盖、盆子等制作大小不一的投掷靶。将投掷靶安装在墙上高低不同的位置，创设投掷墙，幼儿可以利用沙包等材料进行投掷游戏。

【打败大细菌】

在布上绘制出不同形态的细菌怪兽，并剪裁出大小不同的洞，将其固定在PVC管制作的投掷架上，创设"打败大细菌"投掷玩具。幼儿利用沙包等材料进行投掷游戏。

【跳山羊】

将轮胎一横一竖固定在一起，制作跳跃玩具。幼儿可以手扶轮胎顶部，利用跳山羊的方式跳跃轮胎。

【平衡小能手】

将5个大小相同的轮胎，捆绑固定在一起，制作平衡玩具。幼儿可以尝试站在轮胎上行走。教师也可以鼓励幼儿进行自主创意游戏。

【小马】

利用PVC管、布、棉花、塑料绳制作小马。幼儿可骑在上面进行跳或跑的游戏。

【梅花桩】

利用奶粉桶、饮料罐等具有一定硬度的罐子，几个捆绑在一起制作梅花桩。幼儿可将其作为平衡游戏材料、障碍游戏材料等进行创意游戏。

【小汽车】

将废旧纸箱上下两面镂空，连接在一起，制作小汽车。幼儿可将其套在身上，进行开车游戏。

【小扁担】

利用大号饮水桶、木棒、绳子制作小扁担。幼儿可进行挑扁担的游戏。可结合游戏情境，在水桶小筐里放玩具、水果等。

【小推车】

利用纸盒、奶粉桶、木棒制作小推车。幼儿可根据游戏情境，在里面放玩具、水果、蔬菜、小动物玩偶等，进行角色扮演游戏。

3. 使用安全

①使用自制玩教具前，检查自制玩教具是否完好无损，有无尖锐的地方。
②选择在空旷、平整的场地进行游戏。
③游戏过程中，教导幼儿不用玩教具击打小朋友。
④对于有一定挑战性的材料，教师要陪同、保护幼儿。

自制玩教具案例——向日葵花浇浇水

设计思考

向日葵花形象特点突出，色彩鲜艳明亮，易吸引幼儿的关注。该游戏道具根据向日葵花的形象，利用塑料圈和耐用的无纺布加工制作而成。教师可创设为向日葵花浇水的游戏情境，小朋友投射"小水滴"为向日葵花增加能量。

游戏区域靠近主活动区的一边，巧用边角上方的立体空间。根据幼儿个体差异性，向日葵花设置为大小不同的花朵，并采用高低错落的悬挂方式，以满足不同年龄阶段、不同发展水平幼儿的能力需求。通过为向日葵花投掷"小水滴"，幼儿可以练习投掷、投准、投远的动作。除此之外，用于投掷的可以是布包、纸球等不同材质的物品。纸球也可由幼儿参与制作。通过亲自动手制作，幼儿能够体验共同参与制作游戏材料的

乐趣，还能够提高自己的动手操作能力。

教育建议

（1）教师鼓励幼儿大胆创新游戏，根据幼儿的兴趣和想法，在游戏过程中生成多样玩法。例如：将水滴纸球抛向上空，营造下小雨的情境，让向日葵花喝到可口的雨水；将水滴纸球投进向日葵花中心，锻炼投准的能力；幼儿分成两队，分别站在向日葵花的两侧，开启"雨滴投射大战"，以竞赛游戏的方式吸引幼儿参与。在游戏的过程中，幼儿能够促进动作发展，体验与同伴一起游戏的快乐，发展社会交往能力和团队意识。除了投掷类游戏外，幼儿可以在路过向日葵花时跳一跳、蹦一蹦，用头部顶一顶，用小手拍一拍，与向日葵花做游戏。跳高、摸高游戏有助于幼儿发展下肢弹跳能力，提高身体上下肢协调性。

（2）根据幼儿喜好，还可以定期更换投掷的形象。可设计不同的投掷形象。例如，设置飞机投掷形象，小朋友为高空中的飞机进行空中加油，通过投射出手中的加油包，为飞机加油续航。

（本案例由北京市西城区三教寺幼儿园提供）

十二、管理

①针对幼儿户外玩教具及相关活动应制定健全的管理制度和安全应急机制,如《幼儿园户外活动教师工作要求》《户外设施设备安全检查制度》《幼儿园户外活动安全应急预案》等文件。户外玩教具的维护和管理应有专人(可兼职)负责。

幼儿园要为幼儿的户外活动提供安全的场地和玩教具。制定健全的管理制度和安全应急机制,是幼儿户外活动安全有序进行的保障。

为有效落实设施设备的安全检查,应派专人负责管理。定期进行各类户外玩教具的检查和维护管理,例如:大型器械及车辆要注意检查螺丝是否松动脱落,是否有开焊等问题,应及时维修和处理,不留任何隐患;日常检查材料数量及破损情况,确保正常使用;遇到刮风、下雨等恶劣天气,要及时检查户外区域的器械和场地,及时整理收纳等。同时,要注意对大型器械、玩教具进行清洗和消毒,户外器械保证无水迹、无杂物、无灰尘,确保卫生安全。

除了专人负责管理和维护玩教具,各班教师也应加强对户外活动工作要求的落实,充分了解玩教具的正确使用方法和风险点,科学合理地安排幼儿的活动,全面监管好幼儿活动的各个环节。活动前对场地和玩具材料进行安全检查,发现破损及时清理;活动中关注幼儿的游戏状态,观察了解幼儿使用材料的情况,帮助幼儿建立使用规则,注意合理站位,加强对幼儿的保护,照顾特殊幼儿。

②每次开展游戏活动前,应检查相应的玩教具状况,及时排除安全隐患,保证幼儿活动的安全。

活动前，教师应仔细检查活动场地及玩教具是否存在损坏、边缘轮廓锋利、保护装置不到位等安全隐患。若发现问题，及时处理，消除隐患。例如，在组织幼儿玩滑梯前，要检查滑梯是否稳固，螺丝钉有无松动，扶手处有无油漆脱落，是否会划伤幼儿的小手等。

③应定期检查户外玩教具的使用状况，如发现问题应立即修缮，并做好检查、维护、修理和伤害事故的记录。

户外玩教具长期放置在户外，受到风吹日晒雨淋的侵蚀，易发生螺丝松动、铁钉脱落、衔接处开焊等问题。因此，幼儿园管理部门应当注重户外玩教具的检查、保养和维护。负责人及安全员要落实各项制度，进行按时巡检和记录，若发现问题，及时填写报修单，并立即修缮，形成闭环管理。教师在幼儿活动前要对园内户外玩教具进行专门检查，以保证幼儿的安全。同时，大型玩教具需每学年保养一次，例如木制玩教具需刷桐油保养。其他大型玩教具每学期进行一次维护，对坏损严重、不能修复的玩教具应申请核销，及时进行更新，并保存相应的检查、维护、修理、核销记录。

④所有户外玩教具每学期应清点核对一次，建立户外玩教具账册，每学期将增加或减少的玩教具登入分账册，总账每学年填写一次。

所有户外玩教具要建立户外玩教具账册。可按照不同的类型分类入账，账册中写明购买时间、名称、材质、单价、数量等，新增加的玩教具要及时录入账册。根据账册管理要求，班级申领的户外玩教具需要登记、签字，谁使用谁负责。建立各班级户外玩教具登记账，班级负责管理。

每学期管理员对户外玩教具数量进行核查，发现损坏的玩教具及时记录上报，将新购及损毁玩具分别登记，数量减少严重的可提出补充购买意见，确保户外活动顺利进行。

每学年末，幼儿园要对户外玩教具按幼儿园和班级分别进行清点，账物相符，园内户外玩教具管理者按类填写。

⑤应依据不同玩教具的消毒要求，按照《托儿所幼儿园卫生保健工作规范》定期消毒。

在日常工作中，遵循《托儿所幼儿园卫生保健工作规范》中的环境卫生与消毒内容要求：室外环境应每日清扫，户外玩教具应每天清洁，在阳光曝晒的情况下，无须过度消毒。

A. 塑料玩教具可用84消毒液，按比例配制，进行表面的擦拭，再用清水冲洗干净，用清洁布擦干或晒干。

B. 布制玩教具可用肥皂水刷洗，或放置在阳光下曝晒。

C. 耐湿、耐热、不褪色的木制玩教具，可用肥皂水泡洗后晒干。

D. 铁制玩教具在阳光下曝晒6小时以上，有杀菌作用。

有呕吐物污染户外玩教具时，应按呕吐物处理流程处理污染的区域。

⑥教师应接受户外玩教具使用安全培训，并有针对性地对幼儿进行安全教育。在户外活动中，教师应注意培养幼儿保护隐私的意识，保障幼儿隐私不受侵犯。

《幼儿园工作规程》中指出，幼儿园教职工应具有安全意识，掌握基本的急救知识、避险等基本方法，严格执行幼儿园安全制度。幼儿园应加大教职工安全培训的频率和力度，通过多种形式向教师讲授各类安全知识，促使其掌握突发事故的应对方法，从而提高安全素养。

教师应根据季节特点、幼儿发展需要、自然减灾等方面，对幼儿开展安全教育。活动前，教师应结合教学活动计划与幼儿年龄特点，运用适宜且幼儿能理解的方式向幼儿介绍游戏玩法和正确使用器械的方法。活动中，教师应指导幼儿正确游戏，纠正危险行为，关注幼儿个体差异，对有特殊需要的幼儿加以引导和保护。小班初期可开展"我会玩滑梯"活动，通过儿歌、动作示范的方式，支持幼儿学习正确使用大型滑梯，逐步增强自我保护意识。

教师应引导幼儿注重对自身隐私的保护。通过绘本、儿歌、家园合作等方式，提升幼儿的自我保护意识。在日常生活中，教师应注重规范自身行为，尊重幼儿的隐私权。对有特殊需要的幼儿，教师应在语言、行为方面给予照护，共建和谐的师幼关系。当出现幼儿尿湿裤子或弄湿衣服等突发情况时，教师应将幼儿带离活动场地进行处置，关切幼儿的情绪。

幼儿园教师需要全方位了解急救知识和技能，具备一定的急救防护能力。当幼儿在户外活动中发生意外时，教师应当始终保持清醒冷静的头脑，以正确的方式处理意外事故，将伤害降至最低。

附 录

幼儿园户外游戏场地玩教具配备规范

目　次

前言

引言

1　范围

2　规范性引用文件

3　术语和定义

4　配备原则

5　一般规定

6　玩教具配备要求

7　大型器械安装

8　自制户外玩教具

9　管理

附录A（资料性）　幼儿园户外游戏场地布置示意图

附录B（资料性）　幼儿园不宜种植的植物

附录C（资料性）　幼儿园饲养动物需注意的问题

前 言

本文件按照 GB/T 1.1—2020《标准化工作导则 第1部分：标准化文件的结构和起草规则》的规定起草。

请注意本文件的某些内容可能涉及专利。本文件的发布机构不承担识别专利的责任。

本文件由中国教育装备行业协会幼儿教育装备分会提出。

本文件由中国教育装备行业协会归口。

本文件起草单位：中国教育装备行业协会幼儿教育装备分会、北京教育科学研究院早期教育研究所、河北省教育装备行业协会、四川省学校国有资产与教育装备中心、陕西省教育厅教育技术装备管理中心、南京万德体育产业集团有限公司、武汉亿童文教股份有限公司、合肥幼儿师范高等专科学校、贵阳幼儿师范高等专科学校、宁波幼儿师范高等专科学校、徐州幼儿师范高等专科学校、北京市东城区东华门幼儿园、北京市第一幼儿园、北京市丰台区丰台第一幼儿园、北京市大兴区十一建华实验幼儿园、武汉爱立方儿童教育传媒股份有限公司、南京康轩文教图书有限公司、北京东方之星科技股份有限公司、北京红黄蓝儿童教育科技发展有限公司、宁波华荣文教用品有限公司、浙江波菲教育玩具有限公司、宁波优优象教育科技有限公司、杭州哈灵教育科技有限公司、北京金恩润泽科技发展有限公司。

本文件主要起草人：刘焱、苏婧、张士峰、李晓静、彭迎春、孙璐、朱继文、吴万鹏。

本文件为首次发布。

引　　言

　　户外游戏场地是幼儿园重要的教育资源，是幼儿接触自然、享受阳光和新鲜空气、锻炼身体、参与户外游戏及其他活动的重要场所。户外玩教具的配备直接影响到幼儿园户外游戏的开展，因此户外玩教具是幼儿开展户外游戏的物质基础，是支持幼儿开展游戏和其他活动的必要条件。幼儿园需要配备丰富适宜的户外游戏场地玩教具。

　　为贯彻《中共中央　国务院关于学前教育深化改革规范发展的若干意见》《"十四五"学前教育发展提升行动计划》，推动幼儿园深入落实《幼儿园工作规程》《幼儿园教育指导纲要（试行）》及《3—6岁儿童学习与发展指南》，切实办好新时代学前教育，提高保育教育质量，促进和丰富幼儿的学习与发展，进一步规范幼儿园户外游戏玩教具的配备，推进幼儿园建设的标准化，特制定《幼儿园户外游戏场地玩教具配备规范》团体标准。

幼儿园户外游戏场地玩教具配备规范

1 范围

本文件规定了幼儿园户外游戏场地玩教具配备规范的术语和定义、配备原则、一般规定、玩教具配备要求、大型器械安装、自制户外玩教具和管理等。

本文件适用于招收 3—6 岁幼儿的各类幼儿园户外游戏场地玩教具配备,其他学前教育机构可以参考使用。

2 规范性引用文件

下列文件中的内容通过文中的规范性引用而构成本文件必不可少的条款。其中,注日期的引用文件,仅该日期对应的版本适用于本文件;不注日期的引用文件,其最新版本(包括所有的修改单)适用于本文件。

GB 6675(所有部分) 玩具安全

GB/T 8397—2007 平衡木

GB/T 8948—2008 聚氯乙烯人造革

GB/T 8949—2008 聚氨酯干法人造革

GB 14747 儿童三轮车安全要求

GB 19272 室外健身器材的安全 通用要求

GB/T 19851.2 中小学体育器材和场地 第 2 部分:体操器材

GB/T 19851.20 中小学体育器材和场地 第 20 部分:跳绳

GB/T 22778 液晶数字式石英秒表

GB/T 27689 无动力类游乐设施 儿童滑梯

GB 28007 儿童家具通用技术条件

GB/T 28711—2012　无动力类游乐设施　秋千

GB/T 32611　体操蹦床　功能和安全要求及试验方法

GB/T 34021　小型游乐设施　摇马和跷跷板

GB/T 34022　小型游乐设施　立体攀网

GB/T 34272—2017　小型游乐设施安全规范

GB 36246　中小学合成材料面层运动场地

GA/T 1127　安全防范视频监控摄像机通用技术要求

HG/T 2020　彩色雨靴（鞋）

JGJ 39　托儿所幼儿园建筑设计规范

JY/T 0001　教学仪器设备产品一般质量要求

JY/T 0627　小篮球场地建设与器材配备规范

JY/T 0629　小足球场地建设与器材配备规范

QB/T 1095　玩具塑料件通用技术条件

QB/T 1519　纤维卷尺

QB/T 2182　自行车　打气筒

《托儿所幼儿园卫生保健工作规范》（卫妇社发〔2012〕35号）

《幼儿园教育指导纲要（试行）》（教基〔2001〕20号）

《3—6岁儿童学习与发展指南》（教基二〔2012〕4号）

3　术语和定义

下列术语和定义适用于本文件。

3.1

幼儿园　kindergarten

对3周岁—6周岁的幼儿进行集中保育、教育的学前使用场所。

［来源：JGJ 39—2016，2.0.2］

3.2

活动区域 active area

器材及幼儿使用器材进行活动所占用的区域。

注：该区域也包括拒绝第三者进入的危险部分。

3.3

跌落高度 free height or rall

从身体的支撑部位到下部平台（或支撑物）的最大垂直距离。

注：对于手作为主要支撑的攀爬类玩教具，跌落高度指从最高手抓握位置到下部平台（或支撑物）距离减去 1000mm。

［来源：GB/T 34272—2017，5.10.1.1，有修改］

3.4

危险突出物 hazardous projection

在使用过程中可能产生伤害的、危险性的、可触及的突出零部件。

［来源：GB 28007—2011，3.4］

3.5

危险锐利边缘 hazardous sharp edge

在使用过程中可能产生伤害的、危险性的、可触及的边部。

［来源：GB 28007—2011，3.5］

3.6

危险锐利尖端 hazardous sharp point

在使用过程中可能产生伤害的、危险性的、可触及的尖端。

［来源：GB 28007—2011，3.6］

4 配备原则

4.1 以幼儿为本的原则

幼儿园户外游戏场地配备的玩教具应有利于幼儿"健康生活"素养的培育，有利于幼儿在健康、语言、社会、科学、艺术五个领域的学习与发展。应能满足《幼儿园教育指导纲要（试行）》《3—6岁儿童学习与发展指南》规定的幼儿开展游戏活动的相关要求。

4.2 安全性原则

幼儿园户外游戏场地玩教具的配备应将确保幼儿的安全放在首位，玩教具应符合国家相关强制性标准和规范的要求。应充分挖掘幼儿园户外设施设备作为安全教育资源，开展安全知识及自我保护方法教育。

4.3 多样性原则

幼儿园户外游戏场地配备的玩教具应多样化，能支持幼儿开展丰富多彩的户外游戏活动。

4.4 因地制宜原则

应根据当地的气候与户外游戏场地的自身特点等实际条件，因地制宜、科学合理地规划设计户外游戏活动场地并配备适宜的玩教具。

4.5 趣味性原则

幼儿园户外游戏场地配备的玩教具应有趣味性，趣味性主要表现在多玩性、可玩性、美观性和挑战性等方面。能调动幼儿参与活动的积极性，有效吸引幼儿的注意力，确保幼儿可以全身心投入户外活动中。

5 一般规定

5.1 户外游戏场地要求

5.1.1 幼儿园户外游戏场地宜为一块独立宽敞场地，场地人均面积应不低于 $4m^2$。其中，共用游戏场地人均面积应不低于 $2m^2$，分班游戏场地人均面积应不低于 $2m^2$。分班游戏场地宜邻近活动室布置。

5.1.2 户外游戏场地应有充足光照，应保证二分之一以上的场地面积冬至日日照时间不少于 2h。场地还应有必要的荫凉或遮阳设施，便于在紫外线指数过高时，幼儿能到树荫下或有遮阳伞、遮阳棚的区域活动，防止紫外线对幼儿皮肤、眼睛造成伤害。

5.1.3 户外游戏场地应根据不同活动的需要铺设软质或硬质地坪，软质地坪面积宜大于 70%。软质地坪宜为渗水性较好的沙土地、草地等。铺设合成材料面层场地应符合 GB 36246 的相关要求。

5.1.4 户外游戏场地基础应平整，应无障碍、无尖锐突出物、无沉陷、无开裂和松动等异常现象。场地设置微地形的，坡度应平缓。

5.1.5 户外游戏场地应具有良好的给排水系统，宜设洗手池、洗脚池、厕所等。农村幼儿园的污水排放不应影响园区和周边环境卫生与幼儿安全。

5.1.6 户外游戏场地周边宜设置高度不低于 2000mm 的围栏。

5.1.7 户外游戏场地宜安装高清晰度安全防范视频监控装置，监控范围覆盖幼儿活动区域，监控摄像机符合 GA/T 1127 的相关规定。

5.1.8 招收有残疾幼儿的幼儿园应设无障碍游戏空间和设备。

5.2 户外游戏场地功能区

5.2.1 概述

幼儿园户外游戏场地功能分区宜包括：大型器械游戏区、综合活动区、沙水区、骑行区、种植养殖区、涂鸦区等，具体布置可参照附录 A。

5.2.2 大型器械游戏区

大型器械游戏区是供幼儿使用大型运动器械开展游戏的活动区域，应配备固定的大型运动器械。器械应适合幼儿的身高和活动能力。

5.2.3 综合活动区

综合活动区是供幼儿开展集体活动（例如升旗、早操、体育活动）和自选游戏的多功能活动区域，应配备可移动的中小型户外运动器械和游戏材料。在适宜位置：

a）应设置旗杆、旗台；

b）应设置30m长的直线跑道，缓冲区不少于5m；

c）宜设置小篮球、小足球场地，场地建设可参考JY/T 0627、JY/T 0629的相关要求。

5.2.4 骑行区

骑行区是供幼儿使用各种推拉、骑行玩具开展游戏的区域。宜配备多种小推车、儿童三轮车等。

5.2.5 沙水区

沙水区是供幼儿进行玩沙、玩水的活动区域，应配备沙池、水池及玩沙、玩水的工具等。沙池、水池符合下列要求：

a）沙池应置于向阳背风处，沙池深应为30cm~50cm，面积不宜小于30m²。边缘应呈弧形且略高出地面，应使用细软清洁的海沙、河沙等天然沙，不应使用工业用沙，沙池应有良好的排水功能，应定期消毒。

b）水池宜靠近沙池附近，贮水深度不应超过30cm，面积不宜超过50m²，可修建成各种形状，宜有亲水平台、蘑菇伞亭、喷泉和小滑梯等，水质标准应与生活饮用水相同，宜保持流动性，应定期换水。

5.2.6 种植养殖区

种植养殖区是供幼儿开展种植养殖活动，探索发现植物、动物生长规律的户外活动区域。种植区及其他绿地中不应种植有毒、带刺、有飞絮、病虫害多、有刺激性的植物。不宜种植的主要植物见附录B。养殖区应饲养无毒、无害、小型、非野生的常见动物，如兔、仓鼠、乌龟等。饲养动物注意的问题见附录 C。

5.2.7 涂鸦区

涂鸦区是供幼儿开展自由绘画、体验创造的户外活动区域。宜配备涂鸦墙、绘画工具等。

6 玩教具配备要求

6.1 总体要求

6.1.1 进入幼儿园的户外游戏玩教具，应符合 JY 0001 的规定，属于《强制性产品认证目录》的产品，必须获得中国强制性产品认证（即 CCC 认证），均需取得通过资质认定的质量检验机构出具的符合相关标准的合格检测报告。

6.1.2 幼儿园户外大型器械游戏区的设备安全性要求应符合 GB 19272 及 GB/T 34272 的规定，户外中小型玩教具的安全性要求应符合 GB 6675 的规定。

6.1.3 幼儿园应在危险的地方张贴醒目的安全警戒标志。大型器械游戏区的设备的安全标志应符合 GB 19272—2011 中 7.1 的规定，户外中小型玩教具的安全标志应符合 GB 6675.1—2014 中 5.7 的规定。

6.1.4 户外游戏玩教具的操作难易程度，应与《3—6 岁儿童学习与发展指南》健康章节中要求的目标相适应。

6.1.5 供幼儿使用的玩教具应与产品说明书所示的年龄范围相符。对特殊幼儿所需要的不符合年龄范围的玩教具，应在教师监护下使用。

6.1.6 幼儿园户外大型器械游戏区的设备在正常使用时产生的噪声应不超过 65dB。

6.1.7 不宜配备以不锈钢作为主要材质的玩教具。

6.2 配置要求

6.2.1 幼儿园户外大型器械游戏区、综合活动区、骑行区、沙水区、种植养殖区、涂鸦区的游戏玩教具配备应分别符合表 1—表 6 的规定，幼儿园户外其他器材配备应符合表 7 的规定。

6.2.2 配备数量适用于 6 班制的幼儿园，6 个班以上的幼儿园可根据场地条件和活动需要酌情增加玩教具数量，鉴于玩教具损耗损坏等因素，配备数量可适当富余，低值易耗品可适当提高配备数量并及时补充，对于户外大型器械的易损部件应提供备用件。

> 注：依据《幼儿园工作规程》，幼儿园每班幼儿人数一般为：小班（3 周岁至 4 周岁）25 人，中班（4 周岁至 5 周岁）30 人，大班（5 周岁至 6 周岁）35 人，混合班 30 人。寄宿制幼儿园每班幼儿人数酌减。

6.2.3 各表中"配备要求"栏目包括"必配"和"选配"两类要求。"必配"栏目规定了幼儿园完成教育部颁布的《幼儿园教育指导纲要（试行）》《3—6 岁儿童学习与发展指南》所规定的户外游戏应具备的玩教具，幼儿园均应达到该栏目的配备要求。"选配"栏目可以为幼儿园、教师提供更多的选择方案和发展空间。有条件的幼儿园在达到"必配"的基础上，选择配备"选配"的玩教具，以满足幼儿活动的多样化和特色化需要。

附录 幼儿园户外游戏场地玩教具配备规范

表 1 幼儿园户外大型器械游戏区场地玩教具配备要求

器材类型/学习主题	编号	器材名称	性能要求	单位	配备要求 必配	配备要求 选配	备注	实践活动建议与目标
滑行类	101	滑梯	1. 由通道、站台、滑道等功能部件及其支撑、保护、连接部件组成，安全保护部件应包括扶手、护栏、围栏等； 2. 小班使用滑梯高度≤1200mm，滑道宽度范围应为 300mm~700mm；中班、大班使用滑梯高度≤2000mm，滑道宽度范围为 400mm~700mm； 3. 滑行段任何部位在滑行方向和水平面内夹角的最大值应不大于 60°，夹角的平均值应不大于 40°； 4. 护栏的高度应不小于 600mm，且应不大于 850mm（从平台、阶梯或斜坡的表面开始测）； 5. 宜为组合滑梯； 6. 滑道宜为开放式，不应使用全封闭不透明管道，使用全封闭透明管道时，长度要适宜，通道和弯道连接处要确保安全，适宜幼儿滑行，滑道部分不宜使用不锈钢或玻璃钢；直筒滑梯不可视段应不超过 1200mm，螺旋滑梯不可视段应不超过 1500mm； 7. 其他应符合 GB/T 27689 的相关要求	架	2		1. 儿童滑梯可与其他的配套设施组合使用，如爬梯、扣梯、爬网梯、钻洞管筒、云梯、吊环、吊桩等； 2. 在直滑梯每条滑道上面，每次应只允许一个幼儿滑下； 3. 在每条滑道的出口，不能立其他幼儿； 4. 幼儿滑下时，不应头朝下； 5. 滑道出口应设禁止逆行标志	1. 有利于锻炼幼儿的勇气、体力、空间感知、平衡协调能力和认知能力； 2. 掌握滑梯的正确玩法，知道在发生危险时如何自救

（续表）

器材类型/学习主题	编号	器材名称	性能要求	单位	配备要求 必配	配备要求 选配	备注	实践活动建议与目标
滑行类	102	滑索	1. 由站台、滑行部件、支撑部件及连接部件组成； 2. 滑索吊盘负载后距离地面最小距离应不小于230mm； 3. 滑行段范围内单侧1500mm范围内无任何障碍物； 4. 滑索的落差角度不大于3°； 5. 滑索如使用钢丝绳，钢丝绳直径应大于12mm； 6. 应具有终端停止缓冲装置，停止缓冲装置应保证使用者逐渐减速直到停止	架		5~10	1. 不应站在吊盘上进行滑行； 2. 滑行时双手应握紧吊绳； 3. 应在教师看护下使用	有利于锻炼幼儿全身协调性、平衡性及上肢力量，同时也锻炼幼儿敢于接受挑战，勇于探索的精神
摆动类	103	秋千	1. 由秋千架、秋千绳（或链条）、秋千座椅和隔离装置组成； 2. 小班使用秋千座椅与地面间隙高度应不小于400mm，跌落高度不超过1000mm，中班、大班使用秋千座椅与地面间隙高度应不小于400mm，跌落高度不超过1500mm； 3. 同一产品，座椅设置数量最多为2个；设有2个以上座椅的产品，座椅之间距离不得小于500mm；其他区域分开，不宜将秋千组合在大型游戏器械中； 4. 秋千区宜独立设置，与其他区域分开，不宜将秋千组合在大型游戏器械中； 5. 为了降低秋千运动时主链条或绳索意外断裂产生的危险，应在主链条外设置安全链条或绳索（二次保护装置）； 6. 与使用者直接接触或间接接触的材料应无毒无害； 7. 其他应符合GB/T 28711的相关要求	架	2		1. 秋千是一种容易致幼儿受伤的器械。荡秋千的时候，应注意以下问题：让幼儿两手握紧秋千绳；荡完后，要等秋千完全停止后再下来。不应站着或者跪着；不要把秋千挤在一个座椅上；不要多个幼儿挤在一个座椅上；在旁边等候的幼儿要和秋千保持一段安全距离，不应站在秋千摆动方向的正前或正后方。 2. 成年人不应使用儿童秋千	1. 知道荡秋千的注意事项，增强自我保护意识； 2. 荡秋千有利于儿童的肌肉骨骼健康；能帮助幼儿克服紧张心理和恐惧情绪，增强心理承受力和自我控制能力

（续表）

器材类型/学习主题	编号	器材名称	性能要求	单位	配备要求 必配	配备要求 选配	备注	实践活动建议与目标
颠簸摇动类	104	跷跷板	1. 应使用弹簧或其他减震装置； 2. 宜有幼儿喜爱的造型； 3. 当跷板处于最低位置处，其底部距地面间隙应大于230mm，不应安装脚蹬； 4. 每个座位应有扶手，扶手应连接牢固，且不使用工具不能拆卸； 5. 轴向跷跷板最大跌落高度1500mm，单点固定跷跷板最大跌落高度1000mm； 6. 其他应符合GB/T 34021的相关要求	个		2	1. 小班的幼儿不宜使用支点跷跷板； 2. 两侧幼儿应面对面坐在跷跷板上； 3. 让幼儿用两手紧紧握住把手，不要试图触摸地面或者两手悬空，脚不要蜷缩在跷跷板的下方； 4. 成年人不应使用儿童跷跷板	1. 发展平衡能力，提高动作灵活性、协调性； 2. 在游戏情境中尝试比较物体的轻重； 3. 培养合作意识，分析观察能力
	105	摇马	1. 应使用弹簧或其他减震装置； 2. 宜有幼儿喜爱的造型； 3. 当在板端位置测量时，摇马座位中心的最大跌落高度应大于1000mm； 4. 摇马座位的最大倾角应大于30°； 5. 每个座位应有扶手，扶手应是固定连接，不使用工具不能拆卸； 6. 摆型摇马直线运动轨迹应不大于600mm； 7. 其他应符合GB/T 34021的相关要求	个		2		主要增强幼儿全身肌肉的活动能力，提高手、眼、腿的功能协调

（续表）

器材类型/学习主题	编号	器材名称	性能要求	单位	配备要求 必配	配备要求 选配	备注	实践活动建议与目标
旋转类	106	旋转转盘	1. 由旋转轴、旋转平台及防护部件组成； 2. 旋转轴与垂直面倾斜角度应不大于5°； 3. 旋转转盘应为无动力驱动，边缘线速度应不大于2m/s，宜设置防止超速运转的阻尼装置	架	2		1. 使用时应让幼儿坐稳扶好，不应上下摇晃； 2. 使用转盘时其他人应保持安全距离	主要锻炼幼儿身体平衡能力
攀登类	107	爬网	1. 总高度应不高于2200mm； 2. 结构宜水平式、竖直式、金字塔式或单柱式； 3. 每一个网孔孔内直径均应＜130mm； 4. 爬网承受主要载荷的主牵索、连接钩环、连接接头的抗拉力应不小于14kN，爬网承受载荷的绳索抗断力应不小于20kN； 5. 设施的各片网安装固定后，网面与地面未能构成全封闭空间，且设施高度≥900mm时，爬网的底部及侧面应设置细格防护网，且防护网网孔内直径应＜6mm。当设施高度＜900mm时，无须安装防护网； 6. 其他应符合GB/T 34022的相关要求	架	1		1. 游戏中应让幼儿保持一定的距离； 2. 多个幼儿游戏时，应让幼儿按同一方向移动	1. 4~5岁幼儿能以匍匐、膝盖悬空等多种方式钻爬。主要增强幼儿的上下肢力量，促进幼儿身体的协调性，使他们身体更灵活，反应更敏捷； 2. 培养幼儿对空间的感觉，并且能让幼儿磨炼自己的意志
攀登类	108	攀爬绳	1. 绳索长度不大于2000mm，直径应为25mm~45mm； 2. 绳索之间的距离应不小于900mm； 3. 绳索应柔软并易于握持； 4. 绳索上端固定牢靠，下端宜有底盘，中间宜固定多个供幼儿攀爬的小圆盘	套		5~10	绳索不应设置在秋千架内	

（续表）

器材类型/学习主题	编号	器材名称	性能要求	单位	配备要求 必配	配备要求 选配	备注	实践活动建议与目标
攀登类	109	攀岩墙	1. 总高度应不高于 2000mm； 2. 攀岩墙面与水平面夹角宜 60°~90°； 3. 主要支撑材料可采用仿木材料，厚度不小于 2mm 的镀锌管，厚度不小于 5mm 的塑料型材； 4. 攀岩块材料应采用硬质塑料； 5. 相邻攀岩点（攀岩块）的间距应不大于 300mm。攀岩块应采用防松螺母，采用防松螺栓螺母固定，且应达到合格的要求。攀岩块突出物检验螺环检验应达到合格的要求； 6. 攀岩墙表面平整，无大于 0.2mm 的间隙。攀岩墙表面的棱、角均应做倒圆，倒圆半径不小于 3mm； 7. 攀岩墙垂直投影向四周延伸 2500mm 范围内应铺设厚度不小于 400mm 的保护垫； 8. 墙面设置的每一攀岩块均应能承受 1.7kN±20N 的向下的拉力，且保持 1h 后，墙面及攀岩块均无永久变形或损坏，攀岩块、连接件及攀岩墙面无松动或位移的现象； 9. 宜配备幼儿安全带	面		1	1. 小班幼儿不宜使用； 2. 应在教师看护下使用攀岩墙或攀登架； 3. 活动前，教师应仔细检查活动场地及攀岩墙或攀登架架是否存在安全隐患； 4. 当幼儿从攀岩墙或攀登架上往下爬的时候，应提醒他们避开那些正往上爬的幼儿	5—6 岁幼儿能以手脚并用的方式安全地爬攀登架、网等。主要培养幼儿动作协调、灵敏，具有一定的平衡能力

（续表）

器材类型/学习主题	编号	器材名称	性能要求	单位	配备要求 必配	配备要求 选配	备注	实践活动建议与目标
攀登类	110	攀登架	1. 总高度应不大于 2000mm； 2. 可采用横截面不小于 95mm×95mm 的实木（包括钢筋加固后的实木）或厚度不小于 2mm 的镀锌管用作主体支撑材料。每根实木中，直径≤8mm 的活树节，平均每米长度不得超出 1 处； 3. 相邻踩脚内部间距应≥230mm，且≤300mm； 4. 每一踩脚的中心位置能承受 17kN 的压力，无松动、开裂或明显的永久变形现象出现	架	1		1. 小班幼儿不宜使用； 2. 应在教师看护下使用攀岩墙或攀登架； 3. 活动前，教师应仔细检查活动场地及攀岩墙或攀登架是否存在安全隐患； 4. 当幼儿从攀岩墙或攀登架上往下爬的时候，应提醒他们避开那些正往上爬的幼儿	5—6 岁幼儿能以手脚并用的方式安全地爬攀登架、网等。主要培养幼儿动作协调、灵敏，具有一定的平衡能力
平衡类	111	平衡木	1. 长不大于 3m，宽不小于 10cm，高不大于 30cm；平衡木的两端为起点线和终点线，两端外各加一块平台； 2. 高度宜可调； 3. 平衡木的支柱不应存在绊倒幼儿的风险； 4. 其他性能要求应符合 GB/T 8397—2007 中 3.2 普及型	台	2		针对不同年龄段幼儿应配备不同规格的平衡木	主要培养幼儿动作协调、灵敏，具有一定的平衡能力。3—4 岁，能沿地面直线或在较窄的低矮物体上走一段距离；4—5 岁，能在较窄的低矮物体上平稳地走一段距离；5—6 岁，能在斜坡、荡桥和有一定间隔的物体上较平稳地行走

(续表)

器材类型/学习主题	编号	器材名称	性能要求	单位	配备要求 必配	配备要求 选配	备注	实践活动建议与目标
平衡类	112	荡桥	1. 荡桥设施总长度应大于2800mm，宽度（扶手内侧宽度）应大于900mm，高度应不大于（扶手上部距地）1000mm； 2. 桥板的间隙（处于静止状态）应不小于25mm，且不大于89mm； 3. 跌落高度应不大于600mm； 4. 同一荡桥上的桥板高度宜一致，高低误差宜小于5mm。桥板应选用实木（钢筋加强后安木）等防滑性较好的原材料，不应使用不锈钢等金属材料制作桥板； 5. 每一桥板的中心位置应能承受17kN的压力试验，试验后桥板及荡桥无松动、开裂或明显的永久变形现象出现	架	1			主要培养幼儿动作协调、灵敏，具有一定的平衡能力。3—4岁，能沿地面直线或在较窄的低矮物体上走一段距离；4—5岁，能在较窄的低矮物体上平稳地走一段距离；5—6岁，能在斜坡、荡桥和有一定间隔的物体上较平稳地行走
	113	梅花桩	1. 直径不小于200mm，高度不大于250mm； 2. 实木等材质，表面进行防滑、防腐、防火、防蛀处理； 3. 不应存在导致脚和腿挤夹的风险	组		1		

（续表）

器材类型/学习主题	编号	器材名称	性能要求	单位	配备要求（必配/选配）	备注	实践活动建议与目标
钻爬类	114	钻筒	1. 钻筒内径应能满足成人钻入； 2. 固定式钻筒长度超过2000mm应设置观察孔； 3. 当钻筒内径为350mm~410mm时，其长度应不大于700mm；当钻筒内径为420mm~500mm时，其长度应不大于1000mm；当钻筒内径为510mm~650mm时，其长度应不大于1300mm；当钻筒内径为660mm~750mm时，其长度应不大于2600mm； 4. 宜与其他运动器械组合使用	条	2 必配	钻筒不能作为滑梯使用	主要锻炼幼儿身体灵活性、柔韧性及手脚协调配合能力
	115	钻网	1. 总长应不大于2000mm，直径应不小于650mm； 2. 跌落高度应不大于1500mm； 3. 网格的实际孔内直径应不小于130mm； 4. 宜与其他运动器械组合	个	1 必配		

（续表）

器材类型/学习主题	编号	器材名称	性能要求	单位	配备要求 必配	配备要求 选配	备注	实践活动建议与目标
悬垂类	116	云梯	1. 分为单管云梯和双管云梯，云梯的吊挂或横档之间的距离应不小于230mm； 2. 握手的直径应为25mm~32mm，握手处离地面的高度应不大于1500mm，高度宜可调； 3. 用于抓握的横档应不能旋转或扭转	组	2		三选一	主要锻炼幼儿具有一定的力量和耐力。3—4岁，能双手抓杠悬空吊起10s左右；4—5岁，能双手抓杠悬空吊起15s左右；5—6岁，能双手抓杠悬空吊起20s左右
悬垂类	117	单杠	1. 握手的直径应为25mm~32mm，握手处离地面的高度应不大于1500mm，高度宜可调； 2. 横杠不允许有裂痕、夹渣、重皮等缺陷； 3. 用于抓握的横档应不能旋转或扭转； 4. 在使用中应稳定可靠； 5. 横杠中心作用静载荷力1800N，永久变形≤1mm	组	4		三选一	
悬垂类	118	吊环	承受1500N的静载荷力，去除外力后环带应不损坏	副	4		三选一	
感官类	119	传声筒	1. 传声筒喇叭部件宜使用非金属材质； 2. 传声筒支撑管直径不小于48mm； 3. 为防止雨水进入，传声筒叭与水平面的夹角应不大于80°	架	1			主要锻炼幼儿平衡能力，增强上肢力量 主要锻炼幼儿语言表达能力，激发幼儿的求知欲、好奇心

表 2 幼儿园户外综合活动区场地玩教具配备要求

器材类型/学习主题	编号	器材名称	性能要求	单位	配备要求 必配	配备要求 选配	备注	实践活动建议与目标
户外建构类	201	组合攀登架	1. 木质材质，包括凳架、梯子、木板等，每套不少于 16 件； 2. 应能自由移动，自由组合，高度可调节； 3. 不应有危险锐利边缘及危险锐利尖端，棱角及边缘部位应经倒圆或倒角处理，不应有危险突出物	套	2		1. 指导幼儿组合攀登架时连接应牢靠； 2. 游戏时应有教师看护； 3. 游戏结束，应指导幼儿收拾整理玩具，并归类摆放整齐	主要培养幼儿的想象能力，锻炼幼儿手眼协调能力及平衡能力
	202	户外大型积木	1. 木质材质，包括多种形状，每套不少于 200 件； 2. 不应有危险锐利边缘及危险锐利尖端，棱角及边缘部位应经倒圆或倒角处理，不应有危险突出物	套	2~3			
健身训练类	203	拉力球	1. 球直径宜 5cm~6cm； 2. 环保材质，弹性好，不易断裂	个		40		主要锻炼幼儿手臂的力量、动作的协调能力
	204	平衡板（平跷跷板、摇滚跷跷板）	1. 多种颜色； 2. 宜有幼儿喜爱的造型； 3. 环保材质，不易开裂	个		10		
	205	滑板车	1. 硅胶材质万向轮设计，旋转灵活，适应多种地面进行使用； 2. 最大载重≥90kg	辆		25		主要锻炼幼儿身体平衡控制力及身体协调能力

附录 幼儿园户外游戏场地玩教具配备规范

（续表）

器材类型/学习主题	编号	器材名称	性能要求	单位	配备要求 必配	配备要求 选配	备注	实践活动建议与目标
健身训练类	206	滑板车收纳架	1. 与滑板车配套使用，可运输滑板车； 2. 底部装4个万向轮，带刹车功能； 3. 不应有危险锐利边缘及危险尖端，棱角及边缘部位应经倒圆或倒角处理，不应有危险突出物	个		1		
田径类	207	跨栏架	1. 环保塑料材质； 2. 塑料件的表面应平整，不应有龟裂、破损、皱纹、气孔、飞边溢料、凹凸不平等缺陷	个	20		针对不同年龄段幼儿应配备不同规格的跨栏架	主要锻炼幼儿具有一定的力量和耐力。3—4岁，能单脚连续向前跳2m左右，能快跑连续跑15m左右，能行走1km左右（途中可适当停歇）；4—5岁，能单脚连续向前跳5m左右，能快跑向前跑20m左右，能连续行走1.5km左右（途中可适当停歇）；5—6岁，能单脚连续向前跳8m左右，能快跑前跑25m左右，能连续行走1.5km以上（途中可适当停歇）
	208	接力棒	1. 长280mm~300mm，直径30mm~42mm，质量约50g； 2. 多种颜色； 3. 材质：塑料或海绵+橡胶	个	10~15			
	209	终点冲刺带条	1. 涤纶布面料； 2. 红色	卷		1		
	210	标志筒	1. 高度宜15cm~50cm； 2. 有配重，放置平稳	个	10~20			

(续表)

器材类型/学习主题	编号	器材名称	性能要求	单位	配备要求 必配	配备要求 选配	备注	实践活动建议与目标
田径类	211	投掷靶	1. 由魔术粘面、支架、底座等组成； 2. 配粘靶球，多种颜色	套	4			主要锻炼幼儿的手臂力量，提高全身运动的协调性，提升参加体育锻炼的兴趣
	212	拱形门	1. 多种颜色； 2. 塑料件的表面应平整，不应有龟裂、破损、皱纹、气孔、飞边溢料、凹凸不平等缺陷； 3. 材质应为食品级塑料； 4. 宜有幼儿喜爱的造型	个	10~20		针对不同年龄段幼儿应配备不同规格的拱形门、钻圈及滚筒	主要锻炼幼儿全身大肌肉活动的力量，尤其是四肢活动的协调性和灵活性，有助于幼儿视听觉、空间位置感觉、平衡感觉的发育
	213	钻圈	1. 多种颜色； 2. 塑料件的表面应平整，不应有龟裂、破损、皱纹、气孔、飞边溢料、凹凸不平等缺陷； 3. 材质应为食品级塑料； 4. 宜有幼儿喜爱的造型	个	10~20			
	214	滚筒	1. 多种颜色； 2. 宜有幼儿喜爱的造型	个	5			

（续表）

器材类型/学习主题	编号	器材名称	性能要求	单位	配备要求 必配	配备要求 选配	备注	实践活动建议与目标
球类	215	篮球	1. 篮球宜为3或4号。3号篮球质量为300g~340g，圆周为56cm~57cm；4号篮球质量为430g~460g，圆周为62cm~66cm； 2. 若为天然革，应皮质较坚实，皮纹接路接近，允许有不影响强度的疵底，每只球可带有面积≤10mm²的划痕3处，若为人造革，应符合GB/T 8949—2008，GB/T 8948—2008中的一等品要求； 3. 回弹高度1200mm~1600mm； 4. 其他宜符合JY/T 0627的相关要求	个	40		对于拍球技能性活动，不要过于要求数量，更不能机械训练	1. 主要锻炼幼儿动作协调、灵敏，具有一定的平衡能力。3—4岁，能双手向上抛球，分散跑时能躲避他人的碰撞；4—5岁，能连续自抛自接球，能与他人玩追逐、躲闪跑的游戏，能5—6岁，能连续拍球，能躲避他人滚过来的球或扔过来的沙包； 2. 应结合活动内容对幼儿进行安全教育，注重在活动中培养幼儿的自我保护能力
	216	篮球架	1. 篮球架篮距地面高度宜不大于235cm，且可调节； 2. 架体升到规定位置时，在使用过程中应保持整体尺寸稳定； 3. 篮球架在正常使用过程中不应有任何方向的倾斜、翻倒或较明显的永久变形现象； 4. 篮板背后距地面小于1m高度的任何篮球悬臂与支柱部分应经衬填后包扎，包扎厚度应不小于25mm；在篮板背后的任何支撑部分要在其下表面包扎，直到篮板正面400mm处； 5. 其他宜符合JY/T 0627的相关要求	副	2~4			
	217	多向投篮器	1. 不少于3个篮圈； 2. 篮圈直径宜30cm~45cm； 3. 球架在正常使用过程中不应有任何方向的倾斜、翻倒或较明显的永久变形现象	个		1~2		

（续表）

器材类型/学习主题	编号	器材名称	性能要求	单位	配备要求 必配	配备要求 选配	备注	实践活动建议与目标
球类	218	篮球护膝护肘发带	1. 用于开展篮球活动中保护幼儿的安全； 2. 穿着舒适，随意跑跳不下滑	套		35	用后应及时清洗	
球类	219	足球	1. 足球宜为2号或3号，2号足球周长约470mm，3号足球周长为535mm~560mm； 2. 球片粘贴平整； 3. 图案、字体基本清晰端正； 4. 反弹高度1100mm~1400mm； 5. 材质为皮革，应皮质松软，皮纹较粗，允许有不影响使用的龟裂和轻微缺陷；材质为人造革、合成革、再生革面的球，应表面花纹清晰，深浅一致，不允许有杂质、针孔、气泡、脱层等缺陷；材质为橡胶的球，应球面气泡、杂质计球面缺陷完整；褶痕深度≤0.5mm，允许累计球面缺陷补≤7cm²； 6. 其他宜符合JY/T 0629的相关要求	个		40		主要让幼儿享受足球乐趣，增强体质，培养幼儿的团队意识，与人沟通的能力，协作能力以及遵守规则、公平竞争意识

附录　幼儿园户外游戏场地玩教具配备规范

（续表）

器材类型/学习主题	编号	器材名称	性能要求	单位	配备要求 必配	配备要求 选配	备注	实践活动建议与目标
球类	220	足球门	1. 可根据足球场定制适宜大小的球门，规格不小于150cm×100cm； 2. 配尼龙球网； 3. 所有零部件表面应光滑、平整，所有棱边和尖角，均应使其半径大于2.5mm； 4. 足球门应能够牢固地固定在地面上，不应有任何方向的倾斜、翻倒或较明显的永久变形现象； 5. 门柱应有防撞棉包覆； 6. 其他宜符合JY/T 0629的相关要求	副	1~2			主要让幼儿享受足球乐趣，增强体质，培养幼儿的团队意识，与人沟通的能力、协作能力以及遵守规则、公平竞争意识
	221	装球车	1. 用于运送篮球、足球等球类物品； 2. 底部装4个万向轮，带刹车功能； 3. 所有零部件表面应光滑、平整，不应有危险锐利边缘及危险锐利尖端，棱角及边缘部位应经圆或倒角处理，不应有危险突出物	辆	2~4			
	222	足球护膝护肘发带	1. 用于开展足球活动中保护幼儿的安全； 2. 穿着舒适，随意跑跳不下滑	套	35		用后应及时清洗	
	223	皮球	1. 直径宜10cm~30cm； 2. 环保材质，色彩丰富，弹力好，抗压耐磨	个	40			

（续表）

器材类型/学习主题	编号	器材名称	性能要求	单位	必配	选配	备注	实践活动建议与目标
体操器械类	224	艺术体操球	直径15cm~20cm，多种颜色	个		40		主要提高幼儿协调、灵巧、柔韧等方面的素质，培养幼儿的韵律感、音乐感，同时开阔视野，陶冶情操，使幼儿从小受到审美教育
	225	艺术体操圈	内径30cm~80cm，多种颜色	个		40		
	226	艺术体操棒	长20cm~40cm，多种颜色，宜带声音	根		40		
	227	艺术体操绳	长50cm~70cm，多种颜色	条		40		
	228	艺术体操带	带长200cm~400cm，多种颜色；棍长300mm~500mm，直径不超过10mm	条		40		
	229	跳垫	1. 采用高密度海绵泡沫塑料和泡沫乳胶，厚≥50mm；2. 当幼儿游戏中落至垫时，能起到保护作用；3. 其他宜符合GB/T 19851.2的相关要求	块	4		与跳箱、单杠等器材配套使用	

附录　幼儿园户外游戏场地玩教具配备规范

（续表）

器材类型/学习主题	编号	器材名称	性能要求	单位	配备要求 必配	配备要求 选配	备注	实践活动建议与目标
体操器械类	230	弹跳箱	1. 包括多种规格跳箱、踏板； 2. 跳箱盖应平整，软硬适宜，手感舒适； 3. 各层结合应平直，稳定牢固，接地面应平稳； 4. 不应有危险锐利边缘及危险尖端，棱角及边缘部位应经倒圆或倒角处理，不应有危险突出物	套	2			
	231	蹦床	1. 应带护栏护网； 2. 材质为塑胶、镀铬钢； 3. 蹦床的各支撑人体的表面所有棱边和尖角，最小半径3mm，使用者或第三者易接触的零部件的所有其他棱边应有圆滑过渡或加以防护； 4. 面框、支腿和移动装置宜采用钢材或其他金属材料；无防腐性能的金属材料应采取表面防腐处理； 5. 网面应采用合成纤维或等同性能的材料，网面的网格应缝合可靠； 6. 其他宜符合GB/T 32611的相关要求	个		2	游戏时应有教师看护	主要锻炼幼儿四肢，增加肌肉力量，促进心肺功能

（续表）

器材类型/学习主题	编号	器材名称	性能要求	单位	配备要求 必配	配备要求 选配	备注	实践活动建议与目标
	232	沙包	1. 直径宜 6cm~10cm，质量宜 50g~150g； 2. 双层，沙包缝合严密无泄漏； 3. 多种颜色； 4. 宜有幼儿喜爱的造型； 5. 填充物不得使用粮食	个	40			主要锻炼幼儿具有一定的力量和耐力。3—4岁，能单手将沙包向前投掷 2m 左右；4—5岁，能单手将沙包向前投掷 4m 左右；5—6岁，能单手将沙包向前投掷 5m 左右
民族民间传统体育活动类	233	地面游戏	借助地面图案开展的游戏，包括十字象限跳、九宫格、跳房子等	组	4		1. 地面应平整； 2. 运动前应充分活动全身	
	234	跳绳（短）	1. 短跳绳，绳长度 2200mm~2500mm，直径 6mm~7mm，质量 50g~80g； 2. 柄（2个），长度 140mm~170mm，直径 26mm~33mm，质量 70g~90g； 3. 跳绳的绳与柄连接，应滚动流畅，跳绳的长度调节方便，并有绳的锁紧装置，跳绳的易接触地面的中间部分应采用耐磨材料（例如橡胶等）进行保护； 4. 跳绳的绳和柄应采用无毒、环保、适宜的材料制成； 5. 其他宜符合 GB/T 19851.20 的相关要求	条	40		对于跳绳运动，不应过于要求数量及花样，更不能进行机械训练	主要增强幼儿上下肢力量、灵巧性、协调性、平衡感，培养团结合作的态度与意志品质

附录　幼儿园户外游戏场地玩教具配备规范

（续表）

器材/学习主题	编号	器材名称	性能要求	单位	配备要求 必配	配备要求 选配	备注	实践活动建议与目标
民族民间传统体育活动类	235	跳绳（长）	1. 长跳绳，绳长度 4000mm~6000mm，直径 8mm~9mm，质量 140g~235g； 2. 柄（2个），长度 140mm~170mm，直径 26mm~33mm，质量 70g~90g； 3. 跳绳的绳与柄连接，并有绳的锁紧装置，跳绳的长度调节方便，应滚动流畅，跳绳的易接触地面的中间部分应采用耐磨材料（例如橡胶等）进行保护； 4. 跳绳的绳和柄应采用无毒、环保、适宜的材料制成； 5. 其他宜符合 GB/T 19851.20 的相关要求	条	4		对于跳绳运动，不应过于要求数量及花样，更不能进行机械训练	主要增强幼儿上下肢力量、灵巧性、协调性、平衡感，培养团结合作的态度与意志品质
	236	短竹节绳	1. 手柄长度 140mm~170mm，后端椭圆设计，有后盖。有效绳长（不含手柄）为 2400mm~2500mm； 2. 绳为串珠设计，大珠直径 7.8mm，长 25mm，小珠直径 5.6mm，长 20mm	条		20		
	237	长竹节绳	1. 手柄长度 180mm~210mm，后端椭圆设计，有后盖，头部有卡住配件。有效绳长（不含手柄）为 3000mm~4000mm； 2. 绳为串珠设计，大珠直径 7.8mm，长 25mm，小珠直径 5.6mm，长 20mm	条		20		

（续表）

器材类型/学习主题	编号	器材名称	性能要求	单位	配备要求 必配	配备要求 选配	备注	实践活动建议与目标
民族民间传统体育活动类	238	彩虹伞	1. 直径2m~5m； 2. 面料结实、耐拉扯； 3. 色彩鲜艳	个		3	1. 开展丰富多样、适合幼儿年龄特点的各种身体活动，如走、跑、跳等，鼓励幼儿坚持下来，不怕累； 2. 幼儿园要利用民间游戏，适当地向幼儿介绍我国主要民族的民族文化，帮助幼儿感知文化的多样性和差异性； 3. 游戏过程中，教师要提醒幼儿控制游戏的频率、速度、方向、力量等，力而行，避免因控制不当对自身或他人身体造成误伤	
	239	东南西北跑	1. 周长2m~10m； 2. 内芯为粗弹力绳，外层多色拼接绒布； 3. 缝合牢固耐用	个		5		
	240	面条棍	1. 包括长、短面条棍及搭扣； 2. 泡沫材质； 3. 多种颜色	套		2		主要锻炼幼儿上下肢力量、身体协调性，培养幼儿的集体荣誉感，体验团队精神
	241	面条棍收纳车	1. 与面条棍尺寸适应； 2. 底部装4个万向轮，带刹车功能； 3. 所有零部件表面应光滑、平整	辆		2		
	242	跳跳球	1. 带弹力手拉绳、防滑踏板及防滑手柄； 2. 多种颜色； 3. 耐磨球体、防爆结构，承重应大于90kg	个		5		主要锻炼幼儿身体的协调性与平衡性
	243	阻力伞	1. 腰带可调节、牢固耐用； 2. 涤纶面料，耐磨	个		40		主要锻炼幼儿的奔跑速度、力量与耐力

附录 幼儿园户外游戏场地玩教具配备规范

（续表）

器材类型/学习主题	编号	器材名称	性能要求	单位	配备要求 必配	配备要求 选配	备注	实践活动建议与目标
民族民间传统体育活动类	244	呼啦圈	1. 直径宜 40cm~60cm； 2. 多种颜色； 3. 材质应为食品级塑料； 4. 整体可触及的表面均应光滑，无明显飞边、棱角和毛刺	个	40		1. 开展丰富多样、适合幼儿年龄特点的各种身体活动，如走、跑、跳等，鼓励幼儿坚持下来，不怕累； 2. 幼儿园要利用民间游戏，适当地向幼儿介绍我国主要民族的民族文化，帮助幼儿感知文化的多样性和差异性； 3. 游戏过程中，教师要提醒幼儿控制游戏的频率、速度、方向、力量等，量力而行，避免因控制不当对自身或其他人身体造成误伤	主要锻炼幼儿腰部的力量，发展幼儿动作的协调性和灵活性
	245	呼啦圈收纳车	1. 与呼啦圈尺寸适应； 2. 四个轮子设计，方便移动； 3. 所有零部件表面应光滑、平整	辆	1			
	246	羊角球	1. 球体直径宜为 40cm~60cm，带手柄； 2. 最大承重 100kg； 3. 多种颜色； 4. 材质环保安全； 5. 具有防爆结构	个	20			主要锻炼幼儿的腿部力量，发展协调和平衡能力

（续表）

器材类型/学习主题	编号	器材名称	性能要求	单位	配备要求 必配	配备要求 选配	备注	实践活动建议与目标
民族民间传统体育活动类	247	飞盘	布制软体结构，直径宜20cm~30cm，厚度不小于1cm	个		40	1. 开展丰富多样、适合幼儿年龄特点的各种身体活动，如走、跑、跳等，鼓励幼儿坚持下来，不怕累； 2. 幼儿园要利用民间游戏，适当地向幼儿介绍我国主要民族的民俗文化，帮助幼儿感知文化的多样性和差异性； 3. 游戏过程中，教师要提醒幼儿控制游戏的频率、速度、方向、力量等，量力而行，避免因控制不当对自身或他人身体造成误伤	主要锻炼幼儿的力量和动作的协调能力
	248	跳袋	1. 平底袋子，材质为帆布、牛津布或人造革等，配把手； 2. 宜为有声跳袋	个	20			
	249	套圈	包括套圈、套杆，套杆可用锥桶替代	个	40			
	250	高跷	1. 两只为一对，每只高跷配长度可调的握绳； 2. 有防滑垫	对		20		
	251	高跷收纳架	1. 与高跷尺寸适应； 2. 四个轮子设计，方便移动； 3. 所有零部件表面应光滑、平整	个	1			
	252	空竹	环保软胶材质	套		40		
	253	风火轮	1. 包括轮、推杆； 2. 轮为塑料或金属材质，推杆可伸缩，带柄	套		40		
	254	旱地龙舟	配龙舟，可配船桨，服装道具等	套		10		

注：幼儿园户外综合活动区场地玩教具配备不限于表2，可配备如户外角色区、表演区、艺术区、益智区等游戏材料。

表 3 幼儿园户外骑行区场地玩教具配备要求

器材类型/学习主题	编号	器材名称	性能要求	单位	配备要求 必配	配备要求 选配	备注	实践活动建议与目标
推拉车类	301	手推车	1. 包括独轮小推车、双轮小推车、三轮小推车等； 2. 最大承重 75kg； 3. 车体宜由环保食品级塑料制成，轮胎由橡胶或塑料制成； 4. 车体材质应符合 QB/T 1095 的相关要求	辆	8		使用后应及时清洗收纳	主要促进幼儿全身肌肉伸展，尤其对幼儿腰腹、四肢力量很有锻炼作用
推拉车类	302	幼儿人力车	1. 黄包车形状； 2. 最大承重 75kg； 3. 环保防滑轮胎	辆		6		
脚踏车类	303	单人三轮脚踏车	1. 整体车架为高碳钢管材，把手和轮胎为橡胶材质； 2. 长 80cm~90cm，宽 50cm~60cm，高 60cm~70cm，最大承重 100kg； 3. 不应使用有链条的脚踏车； 4. 不应存在任何可能及的危险锐利边缘和尖端； 5. 不应有任何可造成伤害的挤夹点，骑车者在任何骑行位置时，任何可能及的活动部分（例如：轮子与泥板之间，实体结构的轮辐内的孔隙）均应小于 5mm 或大于 12mm； 6. 用于防护外露突出物的防护罩帽，应能承受 70N 拉力而不脱落； 7. 其他应符合 GB 14747 的相关要求	辆	8		1. 幼儿骑行前要做好安全提示，不要在人多拥挤、狭窄的地方骑行，骑行速度不宜过快，遇到前方有人或障碍物时应及时停车或绕开； 2. 在幼儿游戏时，教师要关注车轮的灵活度，防止发生因车辆老化、损坏、生锈导致的卡轮现象； 3. 不应超载	主要提高幼儿心肺功能，锻炼下肢肌力和增强全身耐力，还能锻炼幼儿的平衡能力、协调能力

（续表）

器材类型/学习主题	编号	器材名称	性能要求	单位	配备要求 必配	配备要求 选配	备注	实践活动建议与目标
脚踏车类	304	双人三轮脚踏车	1. 整体车架为高碳钢管材，把手和轮胎为橡胶材质； 2. 幼儿骑行时，能搭载另一名幼儿，最大承重150kg； 3. 不应使用由链条传动的脚踏车； 4. 不应存在任何可能危险锐利边缘和尖端； 5. 不应存在任何可能造成伤害的挤压点，骑车者在任何骑行位置时，任何可能触及的危险锐利边缘和尖端、轮子与泥板之间、实体结构的轮辐内的孔隙）均应小于5mm或大于12mm； 6. 用于防护外露突出物的防护罩帽应能承受70N拉力而不脱落； 7. 其他应符合GB 14747的相关要求	辆	6		1. 幼儿骑行前要做好安全提示，不要在人多拥挤、狭窄的地方骑行，骑行速度不宜过快，遇到前方有人或障碍物时应及时停车或绕开； 2. 在幼儿游戏时，教师要关注车轮的灵活度，防止发生车轮老化、损坏、生锈导致的卡轮现象； 3. 不应超载	主要提高幼儿心肺功能，锻炼下肢肌力和增强全身耐力，还能锻炼幼儿的平衡能力、协调能力
	305	多人旋转脚踏车	1. 整体车架为高碳钢管材，把手和轮胎为橡胶材质； 2. 多辆车连成环形，每车最大承重50kg； 3. 不应存在任何可能危险锐利边缘和尖端； 4. 不应存在任何可造成伤害的挤压点，任何可能触及的活动部分均应小于5mm或大于12mm	辆	2			

(续表)

器材类型/学习主题	编号	器材名称	性能要求	单位	配备要求 必配	配备要求 选配	备注	实践活动建议与目标
脚踏车类	306	四轮滑行车	1. 整体车架为高碳钢管材，把手和轮胎为橡胶材质； 2. 最大承重100kg； 3. 不应存在任何可触及的危险锐利边缘和尖端； 4. 不应存在任何可造成伤害的挤夹点，任何可能触及的活动部分均应小于5mm或大于12mm； 5. 宜有顶棚	辆		6	四轮车有出租车、消防车、警车、救护车等多种样式。可根据车辆的样式开展户外角色扮演游戏	
	307	三轮滑板车	1. 由车架、车把、站立板、三个轮胎组成； 2. 最大承重100kg； 3. 不应存在任何可触及的危险锐利边缘和尖端； 4. 不应有任何可造成伤害的挤夹点，骑车者在任何骑行位置时，任何可能触及的活动部分均应小于5mm或大于12mm； 5. 用于防护露出物的防护罩帽，应能承受70N拉力而不脱落	辆		6		主要提高幼儿心肺功能，锻炼下肢肌力和增强全身耐力，还能锻炼幼儿的平衡能力、协调能力

（续表）

器材类型/学习主题	编号	器材名称	性能要求	单位	配备要求 必配	配备要求 选配	备注	实践活动建议与目标
脚踏车类	308	儿童平衡踩踏车	1. 整体车架为高碳钢管材，把手和轮胎为橡胶材质； 2. 最大承重100kg； 3. 铁质、橡胶轮胎，把手包橡胶，金属架应喷漆，漆面光滑、无脱落； 4. 不应存在任何可触及的危险锐利边缘和尖端； 5. 不应有任何可造成伤害的挤夹点，骑车者在任何骑行位置时，任何可能触及的活动部分均应小于5mm或大于12mm	辆		6		主要提高幼儿心肺功能，锻炼下肢肌力和增强全身耐力，还能锻炼幼儿的平衡能力、协调能力
	309	户外单车棚	1. 用于存放儿童车辆； 2. 防雨抗风、美观； 3. 有停车车位	个	1		应设置在角落或空闲场地，可设置半悬挂、折叠式车棚	

表4 幼儿园户外沙水区场地玩教具配备要求

器材类型/学习主题	编号	器材名称	性能要求	单位	配备要求 必配	配备要求 选配	备注	实践活动建议与目标
玩沙类	401	玩沙工具	1. 包括但不限于以下几种：用于挖掘、装运、过滤的基础材料——沙铲、沙耙、漏斗、沙筛、沙水桶等；用于科学探究的管道类材料——透明细圆直管、支架管、多孔板等；用于丰富活动场景的模型建构材料——圆柱体模型、长方体模型、四棱锥模型、四棱台模型等；2. 材质宜采用食品级塑料	套	1~2			主要锻炼幼儿手部小肌肉精细动作和手眼协调能力，认识和体验沙、水的特点，学习使用工具，与伙伴共同游戏，发展想象与创造的能力
	402	玩沙工具收纳筐	1. 用于收纳玩沙工具；2. 结实耐用	个	2~4		幼儿玩沙、玩水时要有专人负责看护	
	403	玩沙玩具	1. 包括但不限于以下几种：多功能玩沙墙、玩沙漏斗、玩沙滑梯、玩沙摩天轮、趣味玩沙天平等；2. 木制产品应无霉变、虫眼、死节、树脂漏（明子）、明显的变形，含水率不高于18%。塑料制品宜采用食品级塑料；3. 装配应平整、牢固，错位应不大于1.5mm，活动部位应灵活；4. 产品外表和内表以及儿童手指可触及处无毛刺及尖锐的棱角	套	1~2			

(续表)

器材类型/学习主题	编号	器材名称	性能要求	单位	配备要求 必配	配备要求 选配	备注	实践活动建议与目标
玩水类	404	玩水工具	1. 包括但不限于以下几种：水桶、喷水器、喷壶、多孔板、多种透明细圆直管、多孔透明直管、透明软管、剖面直管、多种装水的瓶子、勺子、可做捞装工具的小网等； 2. 材质宜采用食品级塑料	套	1~2			主要锻炼幼儿手部小肌肉精细动作和手眼协调能力，认识和体验沙、水的特点，学习使用工具，与伙伴共同游戏，发展想象与创造的能力
	405	玩水工具收纳堂	1. 用于收纳玩水工具； 2. 结实耐用	个	2~4			
	406	玩水玩具	1. 包括但不限于以下几种：喷水枪、软体海绵、感知沉浮的玩具等； 2. 塑料制品宜采用食品级塑料； 3. 装配应平整、牢固，错位应不大于1.5mm，活动部位应灵活； 4. 产品外表和肉表以及儿童手指可触及处无毛刺及尖锐的棱角	套	1~2		幼儿玩沙、玩水时要有专人负责看护	
	407	雨鞋	1. 尺码（中国鞋号S）130~200，内长13cm~19.5cm； 2. 多种颜色； 3. 鞋面厚度应≥1mm； 4. 其他应符合HG/T 2020的相关要求	双	40			
	408	防沙防水衣	透气舒适，方便幼儿穿着，易清洗	件	40			

表 5 幼儿园户外种植养殖区场地玩教具配备要求

器材类型/学习主题	编号	器材名称	性能要求	单位	配备要求 必配	配备要求 选配	备注	实践活动建议与目标
种植	501	种植箱	1. 箱体侧边宜具有透明窗； 2. 箱体应环保耐用； 3. 不应有危险锐利边缘及危险尖端，棱角及边缘部位应经倒圆或倒角处理，不应有危险突出物； 4. 箱体放置位置适宜，周边留出2名幼儿能同时出入的空间，便于幼儿观察与操作	个	4			幼儿可以亲历、探索和发现动植物的生长过程。促进幼儿观察力、想象力、思维力的发展，培养幼儿的责任感和爱劳动的习惯，萌发幼儿热爱大自然的情感
种植	502	种植工具	1. 劳动工具包括小铲、小耙、小叉、小篮、水桶、水勺、喷水壶等； 2. 探究工具包括放大镜、布卷尺、手提吊秤等； 3. 保养工具包括抹布、刷子、工具收纳袋等； 4. 塑料制品宜为食品级塑料； 5. 工具收纳或摆放，安全且高度适宜，利于幼儿取放	套	10		幼儿园的种植区宜利用园内空土地开展种植	
种植	503	种植肥料	肥料应环保无毒无害，可自制	袋	适量			
养殖	504	宠物小屋	1. 包括小屋、喂食工具、清扫工具、观察记录板等； 2. 不应有危险锐利边缘及危险尖端，棱角及边缘部位应经倒圆或倒角处理，不应有危险突出物	间	4		教师应引导幼儿观察小动物的外形特征、生活习性、生长过程，并做相关记录	

表6 幼儿园户外涂鸦区场地玩教具配备要求

器材类型/学习主题	编号	器材名称	性能要求	单位	配备要求 必配	配备要求 选配	备注	实践活动建议与目标
涂鸦活动	601	户外涂鸦墙	1. 宜采用木质或金属材质，采用木质结构的涂鸦墙应符合 GB 28007 的相关要求； 2. 墙面应防水，具有耐候性； 3. 结构稳固，不易倾倒； 4. 不应有危险锐利尖端，棱角及边缘部位应经倒圆或倒角处理，不应有危险突出物； 5. 表面应覆涂鸦墙贴，墙贴粘贴牢固，可反复擦拭	面	1~2		1. 教师应为幼儿提供适宜的活动内容，还要为幼儿提供多元的材料和工具，引导幼儿尝试更多形式的涂鸦活动； 2. 用后及时清洗收纳	1. 主要锻炼幼儿手的动作灵活协调。3—4岁，能用笔涂涂画画；4—5岁，能沿边涂线较直地画出简单图形；5—6岁，能根据需要画出图形，线条基本平滑； 2. 幼儿在参与涂鸦活动的过程中，不但能激发创造力、丰富艺术知识、技能，而且能促进情感、社会性、认知和身体能力的发展
	602	户外透明画架	1. 透明面板易于清洗，便于循环利用； 2. 画架结构稳固，不易倾倒； 3. 不应有危险锐利尖端，棱角及边缘部位应经倒圆或倒角处理，不应有危险突出物； 4. 其他应符合 GB 28007 的相关要求	个	1~2			

（续表）

器材类型/学习主题	编号	器材名称	性能要求	单位	配备要求 必配	配备要求 选配	备注	实践活动建议与目标
涂鸦活动	603	滚轮刷	1. 幼儿利用滚轮刷可印出连续图案的效果（不少于5种）； 2. 配印台	个		40	1. 教师应为幼儿提供适宜的活动内容，还要为幼儿提供多元的材料和工具，引导幼儿尝试更多形式的涂鸦活动； 2. 用后及时清洗收纳	1. 主要锻炼幼儿手的动作灵活协调。3—4岁，能用笔涂涂画画；4—5岁，能沿边线较直地画出简单图形；5—6岁，能根据需要画出图形，线条基本平滑； 2. 幼儿在参与涂鸦活动的过程中，不但能激发创造力，丰富艺术知识、技能，而且能促进情感、社会性、认知和身体能力的发展
	604	水彩笔	1. 可水洗； 2. 不少于12种颜色； 3. 出水流畅，色泽均匀； 4. 带收纳盒	套	40			
	605	水粉笔	1. 每套包括水粉笔不少于6只，水粉颜料不少于12种颜色，调色盘等； 2. 可水洗； 3. 带收纳盒	套	40			
	606	防污罩衣	透气舒适，方便幼儿穿着，易清洗	件	40			

表 7　幼儿园户外其他器材配备要求

器材类型/学习主题	编号	器材名称	性能要求	单位	必配	选配	备注	实践活动建议与目标
辅助工具	701	录放音机	支持U盘、内存卡、光盘播放	台	4		教师用	
	702	户外活动音、视频资源	供幼儿户外活动使用的音、视频资料	套	4		教师用	
	703	扩音设备	1. 便携式，频率响应：100Hz~10kHz；±3dB； 2. 使用电源：锂电池，一次充电可连续使用6h以上； 3. 功率为25W~50W； 4. 音色清晰，声音洪亮	台	4		教师用	
	704	打气筒	1. 带储气罐/人工充气，用于给各种球类充气； 2. 其他应符合QB/T 2182的相关要求	个	3		教师用	
	705	电动充气泵	用于篮球、排球、足球充气	台		1	教师用	
	706	布卷尺	1. 1.5m×7mm，苎麻布卷尺，自动卡位，一键收回； 2. 其他应符合QB/T 1519的相关要求	盒	40		幼儿用	
	707	布卷尺	1. 20m，仿皮外壳，苎麻布卷尺，防水，防腐蚀，铜制卡扣和收放扣盒； 2. 其他应符合QB/T 1519的相关要求	盒	3		教师用	

（续表）

器材类型/学习主题	编号	器材名称	性能要求	单位	配备要求 必配	配备要求 选配	备注	实践活动建议与目标
辅助工具	708	数字秒表	1. 分辨率：0.01s，10min测量精度≤0.2s；2. 其他应符合GB/T 22778的相关要求	块	4		教师用	
	709	运动计数器	计数范围：0~9999	块	4		教师用	
	710	口哨	带挂绳，声音响亮	个	10		教师用	
	711	维修工具套装	包括螺丝刀、尖嘴钳、美工刀、扳手、钢锯、剪刀、盒尺等	套	1~2		教师用	
	712	户外活动常用简易材料	包括夹子、绳子、胶布、记号笔、贴纸等		适量			
	713	饮水机	提供净化常温常饮用水，温度宜可调	台	1~2			
应急救护	714	急救箱	箱内包括：碘伏50mL，创可贴10条，胶布1卷，绷带5卷，卫生棉签1包，无菌纱布块5块，无菌眼垫敷料2块、压缩脱脂棉1包、三角巾1块、医用冰袋1袋，剪刀1把，镊子1把，止血带1根（长度不小于30cm），幼儿急救手册等	个	1		应定期更新箱内药品	

7 大型器械安装

7.1 幼儿园户外大型器械游戏区的设备安装应由专业安装施工队伍实施安装调试。

7.2 器械安装应稳固可靠，无松动倾斜，稳固支柱的水泥或铁质基座应置于软性地面之下，基础和支撑件不应有松动和晃动现象。采用地脚螺栓固定时，应采取防松和防护措施。

7.3 器械安装应完整，各零部件不应产生折断、裂纹、影响使用性能的变形扭曲等现象。

7.4 部件之间的连接应牢固可靠，在不使用工具的情况下无法打开。

7.5 具有转动、滑动、摆动等活动性能的部件，应运转灵活，不应有卡滞、干涉、松动以及异常声响等现象。

7.6 器械距架空高低压电线的水平距离应不小于 8m，距地下管道、地下线路边缘的水平距离应不小于 2m。器械之间的安全距离应不少于 3m，秋千与其他器械间安全距离计算应符合 GB/T 28711—2012 中 5.7 的规定。

7.7 器械应尽可能减少视觉障碍，便于教师看护在场地内活动的幼儿。

7.8 器械其下方底部及四周边缘的区域应铺设无毒无害的缓冲材料，铺设缓冲材料的要求应符合 GB/T 34272—2017 中 5.10.5 的规定。

8 自制户外玩教具

8.1 宜根据户外游戏的实际需要进行设计和自制。自制的户外玩教具宜具有教育性、科学性、创新性、实用性、趣味性、简易性、安全性、特色性、环保性。

8.2 自制户外玩教具的安全性要求应符合 GB 6675、GB/T 34272 的规定。自制户外玩教具在设计、制作和材料选用等方面应避免对幼儿造成伤害。自制的户外玩教具应符合以下要求：

a）不应危及人身健康和生命财产安全，不应造成污染，不应有害于动植物保护、文物保护等。

b）应选用安全无毒、易于清洗的原材料，不应使用泡沫塑料及包装材料作为玩教具，不应使用工业、医疗废旧物品。

c）玩教具整体应结实，各部分连接要牢固，底座要稳固。

d）玩教具上如果存在小零件，应在成人监护下使用。

e）不应使用粮食、较强磁体作为玩教具。

f）玩教具上尖棱边角要磨圆或包边，使用铁丝、电线的，其端部应弯折、包裹。

9 管理

9.1 针对幼儿户外玩教具及相关活动应制定健全的管理制度和安全应急机制，如《幼儿园户外活动教师工作要求》《户外设施设备安全检查制度》《幼儿园户外活动安全应急预案》等文件。户外玩教具的维护和管理应有专人（可兼职）负责。

9.2 每次开展游戏活动前，应检查相应的玩教具状况，及时排除安全隐患，保证幼儿活动的安全。

9.3 应定期检查户外玩教具的使用状况，如发现问题应立即修缮，并做好检查、维护、修理和伤害事故的记录。

9.4 所有户外玩教具每学期应清点核对一次，建立户外玩教具账册，每学期将增加或减少的玩教具登入分账册，总账每学年填写一次。

9.5 应依据不同玩教具的消毒要求，按照《托儿所幼儿园卫生保健工作规范》定期消毒。

9.6 教师应接受户外玩教具使用安全培训，并有针对性地对幼儿进行安全教育。在户外活动中，教师应注意培养幼儿保护隐私的意识，保障幼儿隐私不受侵犯。

附 录 A
（资料性）
幼儿园户外游戏场地布置示意图

幼儿园户外游戏场地布置示意图可参考图 A.1。实际布置时应根据幼儿园特色、场地面积、班级数量、人数及玩教具数量进行调整。

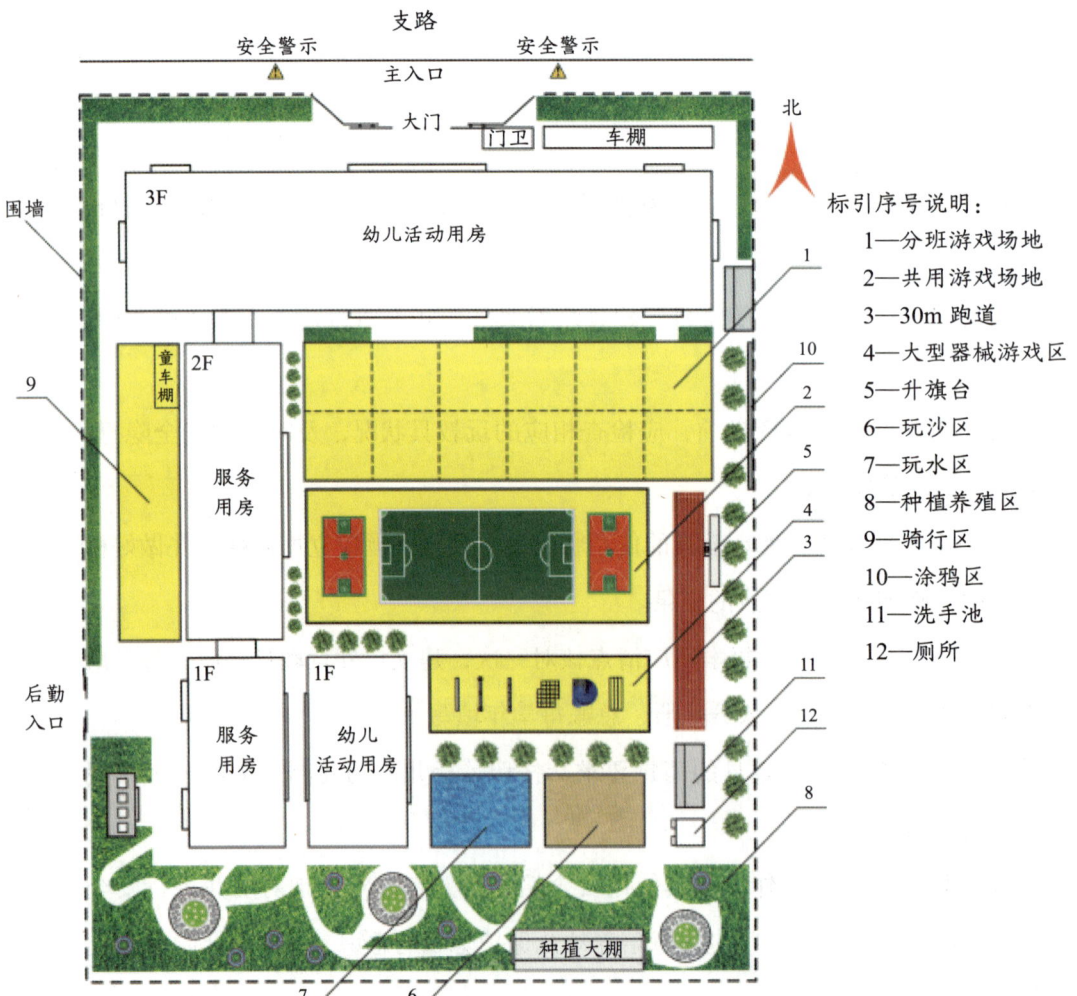

图 A.1 幼儿园户外游戏场地布置示意图

附 录 B
（资料性）
幼儿园不宜种植的植物

幼儿园不宜种植的植物主要类型和示例见表 B.1。由于我国幅员辽阔，各地植物种类有很大差异，幼儿园选种植物时应根据实际情况，选择当地对幼儿无毒无害的植物，并进行评估后再种植。

表 B.1 幼儿园不宜种植的植物

序号	类型	示例
1	有毒植物	八角枫、夹竹桃、蓖麻、紫藤、郁金香、石蒜、南天竹、滴水观音、凌霄花等
2	有勾刺等结构的植物	玫瑰、花椒、剑麻、皂角树、仙人掌等
3	扬絮的植物	杨树、悬铃木、柳树的雌株等
4	易发生病虫害的植物	榆树、国槐等
5	有浆果的植物	蛇莓、银杏、红果女贞、龙葵、醉鱼草等
6	易过敏的植物	火殃勒、乌桕、鸢尾、漆树、月季、紫荆花、鱼腥草、荞麦、括蒌、两面针等
7	有巨大果实坠落的植物	柚子、椰子等

附 录 C
（资料性）

幼儿园饲养动物需注意的问题

C.1 由于幼儿容易感染动物携带的有害细菌，幼儿园不宜饲养以下动物：

——爬行动物（如：蜥蜴、蛇、海龟等）；

——两栖动物（如：青蛙、蟾蜍、蝾螈等）；

——啮齿动物（如：大鼠、沙鼠、豚鼠等）；

——家禽（如：鸡、鸭、鹅等）；

——家畜（如：羊、牛、猪、犬等）。

C.2 为尽力避免幼儿受到动物伤害，幼儿园应采取以下措施：

——应始终监督幼儿与动物的接触；

——创建与动物互动的特定区域，勿让动物在园内自由活动；

——与幼儿父母协商，确定对患有过敏、哮喘或其他疾病幼儿的特殊考虑；

——教育幼儿切勿亲吻动物，与动物接触后不将手或与动物密切接触过的物体放入口中；

——幼儿触摸动物、饲料或动物住所后（如笼子、食盆等），应让幼儿立即用水和肥皂洗手；

——定期清洁和消毒所有曾有动物活动过的地方；

——勿在用餐区域清洁饲养动物使用的水箱、食盆和其他设备。

"幼儿园区域活动材料丛书"
（全彩）

王微丽　霍力岩　主编

《幼儿园语言区材料设计与评价》　定价：60.00元
《幼儿园数学区材料设计与评价》　定价：60.00元
《幼儿园生活区材料设计与评价》　定价：60.00元
《幼儿园科学区材料设计与评价》　定价：60.00元
《幼儿园社会区材料设计与评价》　定价：60.00元
《幼儿园艺术区材料设计与评价》　定价：60.00元

以丛书为代表性成果的研究荣获"广东省教育教学成果（基础教育类）一等奖"

"幼儿园区域活动材料丛书"与《幼儿园区域活动——环境创设与活动设计方法》（第二版）相得益彰，全面地展示了幼儿园区域环境创设、材料设计与投放、活动开展与评价的方法……

《以游戏为中心的幼儿园课程》（第六版）

[美] 朱迪斯·范霍恩 等 著
史明洁 等 译
定价：82.00元

美国幼儿游戏研究领域的先驱者，手把手教你如何把游戏故事、游戏理论和幼儿园五大领域课程完美地结合起来。

《幼儿园自主游戏观察与记录——从游戏故事中发现儿童》（全彩）

董旭花 等 著
定价：58.00元

我国著名幼教专家董旭花老师在这本书中告诉我们——"儿童是有能力、有自信的学习者和沟通者"。

《0—8岁儿童发展适宜性教育》
（原著第四版）

全美幼教协会（NAEYC） 主编
刘焱 等译
定价：108.00元

世界幼儿教育领域的纲领性指南，全美幼教协会畅销书NO.1，从全新的角度搭建发展适宜性教育框架。

《拯救幼儿的游戏——如何在游戏中促进儿童的深度学习》

[美] 盖伊·格朗兰德 等 著
苏婧 等译
定价：62.00元

观察儿童游戏，在计划与反思中进行真实性评估。

专业图书，陪伴您的专业成长。扫一扫下方二维码，更多优质图书等着您！

万千教育微信公众号